__________________ 님의 소중한 미래를 위해

이 책을 드립니다.

영화,
여자를
말하다

영화, 여자를 말하다

삶의
거울이
되는
영화 속
여자들의
인생
이야기

이봄 지음

메이트북스

메이트북스 우리는 책이 독자를 위한 것임을 잊지 않는다.
우리는 독자의 꿈을 사랑하고,
그 꿈이 실현될 수 있는 도구를 세상에 내놓는다.

영화, 여자를 말하다

초판 1쇄 발행 2019년 2월 10일 | **지은이** 이봄
펴낸곳 ㈜원앤원콘텐츠그룹 | **펴낸이** 강현규 · 정영훈
책임편집 안미성 | **편집** 김하나 · 이수민 · 김슬미
디자인 최정아 | **마케팅** 한성호 · 김윤성 · 김나연 | **홍보** 이선미 · 정채훈
등록번호 제301-2006-001호 | **등록일자** 2013년 5월 24일
주소 04778 서울시 성동구 뚝섬로1길 25 서울숲 한라에코밸리 303호 | **전화** (02)2234-7117
팩스 (02)2234-1086 | **홈페이지** www.matebooks.co.kr | **이메일** khg0109@hanmail.net
값 15,000원 | ISBN 979-11-6002-206-3 03190

이 도서의 국립중앙도서관 출판시도서목록(CIP)은 e-CIP홈페이지(http://www.nl.go.kr/ecip)에서 이용하실 수 있습니다.(CIP제어번호: CIP2019001226)

어느 날 당신 자신이 누구인지,
스스로의 존재 의미는 어디에 있는지를 물었을 때,
당신은 불안할 것이고 세상이 낯설게 느껴질 것이다.

· 알베르 카뮈(프랑스의 소설가 겸 극작가) ·

그녀들의 인생을 거울삼아
나답게 살아갈 용기를 얻었다

이 책은 어디서부터 시작된 걸까? 프롤로그를 쓰고 있는 지금 이 순간을 영화의 도입부라고 상상해보자. 출간을 앞둔 작가가 책을 쓰게 된 지난날을 회상하는 내용의 영화라면, 본격적인 이야기의 시작은 어디일까? 분명히 내가 아이를 낳아 기르지 않았다면 이 책은 세상에 나오지 않았을 것이다. 하지만 출산을 시작으로 하는 건 망설여진다. 머릿속에서 너무 놀라 눈을 동그랗게 뜨고 있는 내 얼굴이 클로즈업 영상으로 떠오른다. 만우절 날 임신 사실을 알게 된 8년 전 그날의 나는 37살이었음에도 스스로를 아직 엄마가 될 만큼 충분히 어른이 되지 않았다고 생각했고, 그래서 의사의 말을 만우절 농담으로 의심했다.

당시의 나는 출산 이후의 여성의 삶에 대해 쌀알 반 톨만큼도 아는 게 없었다. 그랬기에 '아이를 키운다'는 이 짧은 한마디에 함축된 강도 높은 노동과 자기 헌신의 구체적인 내용을 몸소 체험하게 되면서 일종의 쇼크 상태에 빠지지 않을 수 없었다. 세상은 더 이상 내가 알던 세상이 아니었고, 나도 내가 알던 내가 아니었다. 나는 달라진 내 삶을 어떻게 이해하고 받아들여야 할지 몰라 혼란스러웠고, 다른 여자들은 어떻게 사는지 궁금했다. 그렇게 아이를 등에 업고 영화를 찾아보는 생활이 시작되었다.

영화 속에서 정말 많은 여자들을 만났다. 그들은 국적도, 인종도, 나이도, 사는 시대도 저마다 달랐고, 직면하고 있는 문제도 다 달랐지만 여자에게 부과되는 성 역할로부터 자유롭지 못하다는 점에서 동일했다. 주인공들 중 대부분은 나처럼 평범한 사람이었고, 누구도 완벽하지 않았지만 주어진 환경 속에서 나름의 최선을 다하고 있었기에 해피엔딩인지, 아닌지는 중요하지 않았다.

나는 그녀들에게 연대감을 느꼈고, 그것은 그 자체로 위로가 되었다. 난 혼자가 아니었다. 이들이 겪는 다양한 시련과 도전의 이야기는 여자로 태어나서 산다는 것의 의미를 다시 생각하게 했다. 설사 실패한 삶일지라도 이야기로서는 빛이 난다는 사실도 내 마음을 사로잡았다. 거기에 희망이 있기 때문이다.

그녀들의 삶을 이해하려고 하면서 나는 내 삶도 영화를 보듯이 보려고 했고, 나아가 주변의 다른 여자들의 삶도 영화처럼 보려고 노력하게 되었다. 그러자 내가 원망하고 미워하던(독박육아를 하다 보면 그런 사람이 많아진다.) 사람들을 다른 각도에서 볼 수 있게 되었고, 그것은 전혀 다른 서사를 불러왔다. 내가 주인공이 아닌 이야기에서 그들은 다르게 이해될 수 있었다. 마음속의 분노가 줄어들었다.

좋은 이야기는 여러 가지 방식으로 거듭 말하여진다. 이야기를 접한 사람으로 하여금 그것을 다시 말하고 싶게 만들기 때문이다. 훌륭한 배우들이 온몸으로 전달한 생생한 삶의 이야기가 나를 바꾸어가는 것을 경험하면서 이야기가 갖는 힘을 실감했고, 그러다 보니 나와 비슷한 처지에 있는 다른 여자들에게 이 영화를 소개하고 싶어서 책을 쓰게 되었다.

영화를 보면서 늘 소감을 기록해왔으나 그것을 바탕으로 책을 쓰게 되리라곤 상상하지 못했다. 아무쪼록 내가 쓴 글이 사려 깊은 친구가 들려주는 재미난 영화 이야기로 읽혔으면 좋겠다. 바쁜 일상 가운데 잠깐 멈추어 서서 스스로를 돌아보는 시간을 갖도록 이끄는 단초의 역할을 한다면 더없이 기쁘겠다. 끝으로 이 모든 과정을 이끄신, 내 삶을 연출하시는 하나님께 감사드린다. 플롯을 짜는 그분의 놀라운 솜씨는 정말로 신이기에 가능한 것이다.

이봄

목차

3장 딸들의 그림자

4장 어둠 속의 여자들

5장 나이를 먹는다는 것

6장 나 자신으로 산다는 것

나는 달라진 내 삶을 어떻게 이해하고

받아들여야 할지 몰라 혼란스러웠고,

다른 여자들은 어떻게 사는지 궁금했다.

『영화, 여자를 말하다』
저자 심층 인터뷰

'저자 심층 인터뷰'는 이 책의 주제와 내용에 대한 심층적 이해를 돕기 위해 편집자가 질문하고 저자가 답하는 형식으로 구성한 것입니다.

Q. 『영화, 여자를 말하다』를 소개해주시고, 이 책을 통해 독자들에게 전하고 싶은 메시지가 무엇인지 말씀해주세요.

A. 살다보면 어떻게 살아야 할지 몰라 막막함을 느낄 때가 있습니다. 저는 출산 후 아이와 단둘이 집에 있는 시간이 길어지면서 막막함을 자주 느꼈습니다. 아이를 낳는다고 엄마라는 새로운 정체성에 곧바로 적응되는 게 아니었기에 엄마로서 사는 것과 나로서 사는 것은 쉽게 조화를 이루지 못했습니다. 살면서 이때처럼 인생에 대한 조언을 갈급했던 적은 없었습니다. 이때 제가

가장 쉽게 접근할 수 있는 것이 영화였습니다.

4년간 160편이 넘는 영화를 보았는데, 그 중 독자들과 꼭 나누고 싶은 영화 23편을 선정해 이야기를 담았습니다. 이 영화 속 여자 주인공들의 이야기가 엄마, 아내, 딸로 사는 것과 나로서 사는 것 사이에서 어려움을 느끼는 분들이 자신만의 균형점을 찾아가는 데 길잡이가 되길 바라는 마음입니다. 남성 독자에게는 자신의 아내, 엄마, 딸이 놓여 있는 삶의 조건을 객관적으로 바라보는 데 도움이 될 거라고 생각합니다. 무엇보다 독자분들이 나도 내 삶에 있어서는 주인공이라는 믿음을 가지고 주인공답게 살았으면 좋겠습니다.

Q. 영화 속 여자 주인공의 삶을 거울삼아 내 삶을 돌아보고 스스로 성찰할 수 있다고 하셨습니다. 영화를 통한 여자의 성찰에 대해 자세한 설명 부탁드립니다.

A. 틀에 박힌 일상을 살면서 우리가 할 수 있는 경험은 제한적일 수밖에 없습니다. 그래서 본의 아니게 편협한 사고방식을 갖게 되기도 합니다. 자신이 경험한 것으로만 생각하게 되는 것입니다. 저는 영화를 통해 주인공들이 겪는 다양한 상황을 간접적으로 경험함으로써 제 일상의 한계를 넘어서는 시야를 가질 수 있었습니다. 문제나 상황에 함몰되지 않고 조금 거리를 두고 나와

타인을 볼 수 있는 능력을 키울 수 있었습니다. 자기 성찰은 나 자신과 거리를 두고 볼 수 있을 때 가능합니다. 하지만 쉽지 않습니다. 영화를 통해 배우들의 실감나는 연기를 보면서 그 인물에 감정이입을 하게 되고, 자연스럽게 '나라면 저 상황에서 어떻게 할까?' 같은 질문을 던지게 됩니다. 반대로 '저 여자가 나라면 지금 이런 상황에서 어떻게 행동할까?' 같은 질문을 할 수도 있습니다. 이렇게 스스로에게 질문을 던지고 답을 하는 과정을 통해 '나'와 거리를 두고 볼 수 있는 힘이 생깁니다.

Q. 최근 2년간 가장 주목받은 사회 키워드는 '여성'과 '페미니즘'입니다. 영화로 여성과 페미니즘을 보다 쉽고 입체적으로 이해할 수 있다고 하셨는데 그 이유는 무엇인가요?

A. 페미니즘은 여성의 삶을 기반으로 합니다. 페미니즘 담론에서 실제의 삶이 빠진다면 담론의 성립 자체가 불가능합니다. 여성이 주인공인 영화는 당연히 여성의 삶을 담고, 영화 속 드라마는 갈등을 전제로 합니다. 영화에서 주인공 여성이 갈등을 겪는 대부분의 이유가 그 여성이 놓여 있는 불합리하고 부조리한 삶과 관계의 조건 때문입니다. 관객은 화면을 통해서 그러한 현실을 직시하게 됩니다. 여성의 현실을 자각하는 데서 개개인의 페미니즘이 출발한다고 생각합니다.

Q. 4년간 160편의 영화를 감상하셨는데 그 중 23편의 영화만 골라서 책 속에 담으셨습니다. 어떤 기준으로 23편의 이야기를 엄선하신 건지 설명 부탁드립니다.

A. 저는 아이를 낳고 엄마가 되고 나서야 이 사회가 나에게 기대하는 성 역할의 무게를 실감할 수 있었습니다. 제게 주어진 새로운 역할(엄마)에 적응하는 것만으로도 애를 먹고 있는데 그런 중에도 시간은 흘러갔습니다. 나 자신은 아무런 발전도 없이 그대로인데 나이만 먹는 것 같아서 괴로웠고, 미래에 대해 두려움을 느꼈습니다. 게다가 나이에 어울리는 사회적 태도까지 고민하려니 힘들었습니다. 개인적으로 이런 어려움에 대한 답을 구하는 데 도움을 받은 영화들, 위로가 된 영화들, 그래서 내 안에서 하고 싶은 말이 생긴 영화들을 선택했습니다.

Q. 여자의 인생 이야기를 담은 영화들을 더욱 흥미롭게 만들기 위해 독창적이며 깊이 있는 해석을 담아내셨습니다. 단순한 영화해설서와 다른 이 책만의 특징들에 대해 말씀해주시기 바랍니다.

A. 시중에 나온 영화 관련 도서와는 다릅니다. 영화를 이야기하면서 하나의 프레임에서 표현할 수 있는 모든 것을 포함한 미장센이나 영화를 구성하는 여러 요소에 대한 언급이 생략된 책은 드물지 않을까 합니다. 인물과 스토리에만 집중했습니다. 캐릭터

를 분석하고, 그들이 영화 속에서 만들어가는 이야기를 파고들면서 거기서 얻은 개인적인 깨달음을 나누고자 했습니다.

Q. 국적도, 인종도, 나이도, 사는 시대도 저마다 다른 영화 속 여자 주인공들이 겪은 시련과 도전 이야기를 우리는 어떤 시각에서 바라보고 생각해야 하는 건가요?

A. 우리는 타인이 나를 편견 없이 바라봐주길 바랍니다. 하지만 정작 자신은 편견을 가지고 타인을 바라볼 때가 많습니다. 여기서 단절이 생깁니다. 영화 속 인물은 실제 인물이 아니기에 편견 없이 바라보는 훈련을 하는 데 큰 도움이 됩니다. 내가 가진 잣대로 영화 속 인물들을 평가하고 판단하기 시작하면 아무리 좋은 이야기를 보고 듣더라도 그 어떤 것도 배울 수 없습니다.

Q. 각 이야기의 말미에 질문이 있습니다. 이 질문에 답하면서 자신만의 이야기를 만들어가라고 당부하셨는데 질문의 구체적인 활용법을 알려주시기 바랍니다.

A. 모두 영화를 보면서 제 자신에게 던졌던 질문들입니다. 이 책을 읽는 독자 분들도 질문에 대한 답을 꼭 글로 써보기를 권하고 싶습니다. 막상 글로 써보면 뜻밖의 이야기가 내 안에서 나오는 걸 발견할 수 있을 것입니다. 저 역시도 그랬습니다. 나조차도 몰랐

던 내 생각을 알게 되는 것은 소중한 경험입니다. 책에 나온 질문 말고 스스로 질문을 만들어서 답해보는 것도 좋은 방법입니다.

Q. 이 책에 소개한 23편의 영화 중에서 결혼과 사랑에 대해 여자들에게 통찰을 전하는 영화 한 편을 특별히 소개 부탁드립니다.

A. 사랑해서 결혼을 하고 그 후로는 오래오래 행복하게 살 거라는 믿음이 결혼에 대해 우리가 갖는 낭만적 기대입니다. 그러나 현실은 우리에게 끝없는 인내와 타협을 요구하는 일상입니다. 독박육아나 배우자의 외도 같은 결혼생활의 대표적인 문제들을 경험할 때 우리들은 헤어지거나 참고 살거나 외에 다른 방법을 생각하기가 어렵습니다. 레베카 밀러 감독의 〈매기스 플랜〉은 이에 대해 전혀 다른 대안을 내놓습니다. 비현실적이고 코믹하지만, 우리에게 선택할 수 있는 제3의, 제4의 길이 있다는 가능성을 알려줍니다.

Q. 이 책에 소개한 23편의 영화 중에서 엄마와 모성에 대해 여자들에게 통찰을 전하는 영화 한 편을 특별히 소개 부탁드립니다.

A. 사라 폴리 감독의 다큐멘터리 〈우리가 들려줄 이야기〉는 엄마가 돌아가신 지 거의 30년이 지나서야 자신이 엄마의 외도로 태어난 혼외자식임을 알게 된 폴리 감독의 자전적 이야기를 담고

있습니다. 이 영화를 보면서 엄마로서의 딜레마를 깊이 생각하게 되었습니다. 우리 엄마가 하지 말았으면 하는 것들, 하지만 엄마인 나는 하고 싶은 것들, 아이러니하면서도 공감할 만한 내용입니다. 이 책을 읽는 독자 분들도 이 아이러니에 대해 고찰해보는 시간을 가지시길 바랍니다.

Q. 여자로 사는 것이 너무나도 힘든, 나를 잃어가고 있다고 느끼는 어둠 속의 여자들에게 통찰을 전하는 영화 한 편을 특별히 소개 부탁드립니다.

A. 샘 멘데스 감독의 〈레볼루셔너리 로드〉는 지금 떠올려봐도 가슴 아픈 영화입니다. 주인공 에이프릴은 중산층 가정의 주부로서 안정적인 삶을 살 수 있는데 그런 주부의 삶에 만족하지 못하고 자꾸 다른 뭔가를 더 바라고 추구한다는 이유로 비난을 받습니다. 에이프릴에게 쏟아지는 비난을 통해 우리 사회가 여성에게 기대하는 삶의 태도(순응과 희생)를 이해할 수 있습니다. 사회가 여성에게 허락하는 욕망과 그렇지 않은 욕망이 무엇인지 생각해볼 필요가 있습니다. 그러한 제약을 나는 어떻게 이해하고 받아들이고 있는지도 고민해보면 좋겠습니다.

1. 네이버 검색창 옆의 카메라 모양 아이콘을 누르세요.
2. 스마트렌즈를 통해 이 QR코드를 스캔하면 됩니다.
3. 팝업창을 누르면 이 책의 소개 동영상이 나옵니다.

영화 속 여자 주인공들의 이야기가 엄마, 아내, 딸로 사는 것과
나로서 사는 것 사이에서 어려움을 느끼는 분들이
자신만의 균형점을 찾아가는 데 길잡이가 되길 바라는 마음입니다.

사랑해서 결혼한 거니까, 사랑이면 뭐든지 다 해결될 줄 알았다.
하지만 현실은 사랑해도 양보할 수 없는 게 있다는 걸 내게 알려주었다.
남편과 동등한 관계를 유지하기 위해 서로 다투고 조율하는 일을 반복하면서
결혼생활이 꼭 줄타기 같다는 생각을 하게 되었다.
남편과 내가 힘의 균형을 맞추지 않으면 떨어져버리는 그런 줄타기.
때로는 지치고 피곤하지만 이왕 줄을 타는 거 그 스릴을 즐기고 싶다.

Chapter 1

결혼이라는 줄을 타는 여자들

권태의 이유

영화 〈우리도 사랑일까?〉

드라마 | 캐나다 | 116분 | 2012. 09. 27 개봉 | **감독** 사라 폴리
주연 미셸 윌리엄스, 세스 로건, 루크 커비

권태롭다는 것 빼고는 아무런 문제가 없는 결혼생활을 하는 주인공 마고. 착하고 다정한 남편 루와 매력적인 이웃 남자 대니얼 사이에서 그녀는 갈등한다. 상대에게 더이상 설렘을 느끼지 못한다고 그 사랑의 유통기한이 끝난 것은 아니다. 마고는 남편과 함께 만들어온 지난 시간들 속에 숨어 있는 가능성을 보지 못한다. 익숙함에 새로움이 다가왔을 때 흔들림을 섬세하게 그려낸 영화 〈우리도 사랑일까?〉는 '관계가 오래되었다는 것이 정말로 권태의 근본적인 원인일까?'라는 질문을 던진다.

자신을 불안하게 하는 그 안정됨

'권태'는 사랑을 의심하게 한다. 지금 내 곁에 있는 사람은 좋은 사람이지만 진짜 내게 어울리는 사람이 아닐지도 모른다는 생각이 들면서 관계를 개선시키려는 의지를 갖기보단 밖에서 새로운 자극이 찾아오길 무의식적으로 기대한다.

주인공 마고는 이와 같은 권태의 법칙에 따라 움직인다. 28살에 벌써 결혼 5년 차인 마고는 매일 사랑을 고백하는 장난기 많은 남편 루와 잘 지내고 있지만 설렘을 느끼진 못한다. 예쁜 집에 살면서 경제적 어려움도 없는 그녀는 시댁 식구들과도 사이가 좋고, 특히 손위 시누이랑은 친구처럼 지낸다.

그런데 이처럼 안정된 생활이 마고의 마음을 불안하게 한다. 그녀는 남편에게 이 아이러니한 불안에 대해 말하지 않는다. 자신을 불안하게 만드는 안정됨이 남편에게는 전혀 문제가 되지 않기 때문에 이해할 리 없어 보이고, 또 이야기한들 그래서 뭘 어쩌고 싶은 건지 자기 자신도 잘 모르기 때문이다. 그러는 사이에 이웃집 남자 대니얼이 아주 매력적으로 다가온다. 망설임도 잠시, 마침내 마고는 남편의 눈을 피해 대니얼과 썸을 타기 시작한다.

영화 〈우리도 사랑일까〉는 내게 '권태'에 관한 것이었지만 나보다 더 젊은 사람들, 주인공 마고와 같은 20대들에겐 '변화'에 관한 것으로 받아들여지지 않을까 싶다. '사랑은 어째서 변하는 걸까?'라고 질문할 것만 같다. 권태는 변화를 요구한다. 20대에게 권태는 견디기 힘든 감정이다. 현재의 상황이 어떻든지 간에 아직은 저 앞의 인생에 많은 창이 나를 향해 열려 있을 것만 같고, 어떤 모험을 감행해야 할 것만 같고, 운명적인 사건이 나를 기다리고 있을 것만 같은, 그런 막연하지만 충동적인 느낌이 든다. 그게 젊음의 느낌 아닌가?

돌이켜보니 나도 그랬던 거 같다. 항상 뭔지 모를 어떤 기대감에 차있었고, 날마다 어제와는 다른 날이 펼쳐지길 소망하며, 하루하루 다른 색을 입히려 노력했던 그런 나날들…. 이런 생각을 하면 20대의 끝에 선 마고가 뚜렷한 방향도 없이 똑같은 모양으로 반복되는 일상에 불안을 느끼는 걸 이해할 수 있다. 다만, 그 같은 변화에 대한 열망과 모험에 대한 갈망을 왜 꼭 '연애'를 통해 채우려고 하는지 안타까웠다.

마고는 남편 루에게 죄책감을 느끼면서도 계속해서 대니얼을 만난다. 우연을 가장한 만남을 기획하고, 자신이 아니라 대니얼이 자기를 유혹하고 있는 것처럼 포장하지만 대니얼이 자기 주변을 맴돌 수밖에 없도록 미끼를 던지는 건 마고 자신이다. 연애 초반에만 느낄 수 있는 밀당의 짜릿함, 비밀스러운 만남에서 비롯되는

우리도 사랑일까? 남편의 눈을 피해 이웃남자 대니얼과 데이트를 즐기는 마고.

지금 내 곁에 있는 사람은 좋은 사람이지만
진짜 내게 어울리는 사람이 아닐지도 모른다는 생각이 들면서
관계를 개선시키려는 의지를 갖기보단
밖에서 새로운 자극이 찾아오길 무의식적으로 기대한다.

스릴, 단조로운 일상에 펼쳐지는 숨 막히는 삼각관계의 드라마를 자기도 모르는 사이에 즐긴다. 마고는 대니얼을 자신과 남편 사이에 끼어서 이러지도 저러지도 못하게 만들어버리고, 그걸 의식하고 견디기 힘들어진 대니얼은 마침내 이사를 간다. 그제야 마고는 대니얼을 선택한다.

마고는 다시 새로운 연애를 해야 할까?

유감스럽게도 영화는 대니얼과 함께 하는 마고의 삶이 전 남편 루와 살았을 때와 별다를 바 없이 권태로워진 상황을 보여준다. 마고는 다시 새로운 연애를 해야 할까? 마고가 결혼생활에 권태를 느끼고 새 남자친구를 만나 떠나게 되는 동안 남편인 루는 한결같이 그녀를 사랑한다. 똑같은 결혼생활에 한 사람은 권태를 느끼는데 상대방은 전혀 그렇지 않다는 걸 어떻게 이해해야 할까? 그저 둘의 성격차이일까?

마고는 프리랜서 작가로 관광지 안내책자를 만드는 일을 하고 있지만 그 일에 흥미나 자부심을 갖고 있지 않다. 그녀는 이미 작가인데도 글 쓰는 일을 하고 싶다고 말한다. 자기가 좋아하는 글을 쓰고 싶다는 뜻인데 정작 쓰지는 않는다. 그런데 마고가 대니얼을 만나고 다니는 동안 남편 루는 닭 요리 레시피를 개발한다. 닭이라는 한 가지 재료로 얼마나 다양한 요리를 만들 수 있는지 끊임없이 실험하고 마침내 그것을 요리책으로 펴낸다.

루가 여러 재료를 활용한 다양한 요리의 레시피를 개발하지 않고 닭이라는 한 가지 재료로만 여러 요리를 만들었다는 것은 대수롭지 않게 넘길 일이 아니다. 5년 동안 마고라는 한 여자랑 살면서 그는 날마다 그녀를 사랑할 수밖에 없는 새로운 시선을 찾을 수 있었고, 그래서 그 사랑에 최선을 다했다.

마고에게 불안을 느끼게 한 안정된 결혼생활이 루에겐 자기가 좋아하는 일, 즉 레시피 개발에 집중할 수 있는 든든한 기반이 되어준 것이다. 둘 사이에 아직 아이도 없고, 생계를 위해 다른 일을 할 필요도 없는 최상의 여건 속에서도 마고는 자신이 원하는 글쓰기를 전혀 시도하지 않는다. 그저 글쓰기를 미룰만한 아무런 핑계가 없는 상황이 그녀를 불안하게 하는 걸로 보였다.

시선을 대니얼 쪽으로 옮겨 봐도 마찬가지다. 마고가 이웃에 사는 대니얼의 집에 처음으로 방문했을 때 그녀는 집안 곳곳에 걸려 있는 그림을 보고 대니얼이 화가라는 사실을 알게 된다. 인력거를 끄는 일로 생계를 꾸리는 그는 아직 누구에게도 보여준 적은 없지만 자기만족을 위해 즐겁게 그림을 그린다고 이야기한다. 영화에 나오지는 않지만 그는 마고랑 같이 살게 된 후에도 꾸준히 그림을 그렸을 게 분명하다. 남편 루와의 결별 후 대니얼과의 관계도 시들해졌을 즈음 마고는 서점 진열대에서 루의 요리책을 발견한다. 그녀는 진심으로 기뻐하고 축하하지만 난 씁쓸함을 느꼈다.

직접 겪어봐야 알게 된다는 인생의 진리

부엌에서 빵을 굽던 마고가 권태로운 얼굴로 바닥에 앉아 머리를 오븐에 기대고 있는 모습으로 시작한다. 마고의 등 뒤로 창밖을 보고 있는 남자의 뒷모습이 빛 속에 흐릿하게 보이는데, 이 장면이 영화의 후반부에 반복된다. 처음엔 그 흐릿한 뒷모습의 남자가 남편 루인 줄 알았는데 나중에 알고 보니 대니얼이었다.

날마다 같은 일상에 익숙해진 하루하루가 나쁜 것만은 아니다. 우리들은 그러한 안정된 일상을 기반으로 새로운 미래를 모색할 수 있다는 것을 깨닫기 위해서 시행착오가 필요할 뿐이다. 이러한 시행착오를 마고가 결혼 전에 겪었으면 더 좋았겠지만 한편으로는 23살의 나이에 결혼을 결심했을 때엔 그게 또 얼마나 대단한 모험이었을까 싶은 생각도 들고 그저 안타까웠다.

우리도 사랑일까? 마고는 남편 루와 헤어지고 대니얼과 살게 되었지만 다시 또 권태에 빠진다.

불꽃같은 20대는 지나갔고,
각양각색의 감정이 롤러코스터처럼 펼쳐지는
연애 초입의 감정 따윈 더이상 겪고 싶지도 않고,
'권태'를 '감사함'으로 받아들이는….

불꽃같은 20대는 지나갔고, 각양각색의 감정이 롤러코스터처럼 펼쳐지는 연애 초입의 감정 따윈 더이상 겪고 싶지도 않고, '권태'를 '감사함'으로 받아들이는 나에게 마고는 딱한 여동생쯤으로 느껴졌다. 곁에 있었으면 오지랖 좀 떨어가며 충고했겠지만 그러한 충고는 20대에게 받아들여지지 않는다. 어떤 것들은 유감스럽게도 반드시 직접 겪어봐야 알게 된다는 것이 인생의 진리다.

마지막 장면에서 마고는 대니얼과 몰래 데이트를 하던 때에 함께 즐겼던 스크램블러를 혼자 타고 있다. 신나는 음악에 맞춰 빙빙 원을 그리며 빨리 돌아가는 자극적인 놀이기구다. 남자들이 자신의 일상을 좀더 로맨틱하고 재미있게 만들어주길 바라는, 그렇게 자극과 변화를 자기 밖에서 찾는 마고의 무의식적 욕망을 이해한다. 하지만 진정으로 인생을 즐기기 위해서는 그러한 것들을 타자와의 관계에서 찾을 것이 아니라 먼저 자기 내면의 부름에 응답해야 한다고 말하고 싶다. 마고는 그것을 깨달은 것일까? 그녀는 자신이 그토록 원하는 '글쓰기'를 시작해야 한다. 권태는 스스로 이겨내야 하는 자신만의 숙제인 것이다.

영화로 나를 만나는 시간

Q. 지금의 남편과 결혼을 결심하게 된 이유는 무엇이며, 결혼생활에 대해 어떤 기대가 있었나요?

우리도 사랑일까? 마고는 대니얼과 썸을 타며 남편과 대니얼 사이를 오가는 스릴을 즐긴다.

날마다 같은 일상에 익숙해진 하루하루가 나쁜 것만은 아니다.
우리들은 그러한 안정된 일상을 기반으로
새로운 미래를 모색할 수 있다는 것을 깨닫기 위해서
시행착오가 필요할 뿐이다.

남편 반납 소동

영화 〈매기스 플랜〉

로맨스 | 미국 | 98분 | 2017. 01. 25 개봉 | **감독** 레베카 밀러
출연 그레타 거윅, 에단 호크, 줄리안 무어

유부남과 사랑에 빠진 여자들이 공통적으로 하는 큰 착각은 바로 '이 남자가 불행한 이유는 아내를 잘못 만났기 때문이고, 나랑 살면 행복할 거란 믿음'이다. 아가씨를 꼬시는 유부남들의 공통점은 자기가 선택한 여자랑 살면서도 마치 강제로 결혼한 것처럼 스스로를 결혼생활의 피해자로 묘사하고, 힘들어서 죽을 것 같다는 둥 우는 소리를 하는 것이다.

순진한 아가씨가 유부남의 이런 하소연을 조금도 의심하지 않고 받아들여 자신만이 그를 구원할 수 있는 유일한 여자라고 착각하는 모습은 영화에서든 현실에서든 안타깝기만 하다.

유부남과 결혼한 아가씨 이야기

유부남과 결혼한 아가씨의 이야기는 우리가 익히 아는 대로 시간이 지나 아가씨가 그의 전처와 똑같은 입장에 놓이게 되고, 그제야 그가 바람둥이였음을, 자신이 다른 여자의 가슴에 대못을 박고 한 가정을 파괴한 가정파괴범임을 깨닫게 된다는 식으로 흘러가기 마련이다. 여성 희생자만 나오는 이같은 이야기는 이제 지겨울 법도 하건만, 여전히 많은 여자들이 이 이야기를 그대로 경험하고 있는 것이 현실이다.

영화 〈매기스 플랜〉이 흥미로운 이유는 '유부남과 결혼한 아가씨 이야기'에 획기적인 변화를 가져왔기 때문이다. 로맨틱 코미디의 탈을 쓴 이 영화는 한 여자가 남자 때문에 다른 여자에게 상처를 주고, 서로 피해자가 되는 그런 상투적인 비극을 통쾌하게 비틀어버린다.

매기는 원래 결혼은 하지 않고, 아이만 낳아 기르고 싶었다. 신용할 수 있는 남자를 찾아 정자를 제공받고 인공수정을 통한 임신을 시도하며 자발적 비혼모의 삶을 준비하던 그녀는 우연히 유부남인 존을 만난다. 입담이 좋은 존의 이야기를 들으며 매기는 소설가 지망생인 그가 재능이 있음에도 불구하고 자기중심적이고 이기적인 아내에게 맞춰 사느라 자아를 잃고, 재능을 꽃 피우지 못한다고 생각하게 된다. 스스로를 그에게 꼭 필요한 사람이라고 생각하게 된 매기는 자신이 뒷바라지를 하면 그가 작가로서 성공하고 행복한 삶을 살 수 있을 거란 생각에 그와 결혼한다.

한편 존의 아내인 조젯은 컬럼비아 대학의 인류학과 종신교수인데 헌신적이던 남편 존이 난데없이 매기와 바람이 나서 자신과 이혼을 하자 패닉에 빠지고 만다. 매기를 찾아가서 머리채를 잡고 흔들거나 물이라도 끼얹는 게 당연한 수순인데 놀랍게도 조젯은 이러한 남녀관계와 가족관계를 인류학적 연구 주제로 삼아 새로운 책을 쓰면서 상처를 극복한다.

그렇다면 매기와 존의 결혼생활은 어떻게 되었을까? 매기는 원하던 대로 예쁜 딸을 낳았고, 존도 원하던 대로 글을 쓰고 있다. 그러나 안타깝게도 매기는 존이 예전에 조젯과 살 때 맡았던 역할을 그대로 답습한 듯이 존에게 모든 걸 맞추며 살아간다. 존은 글을 쓴다는 핑계로 몇 년째 가사와 육아의 모든 책임을 매기에게 밀어두고, 말 그대로 집에서 손 하나 까딱하지 않고 지낸다. 매기는 심지어 존이 조젯과의 사이에서 낳은 아이들을 만나는 날까지 직접 챙기며 아버지 노릇까지 대신한다. 워낙에 낙천적이고 친절한 매기는 대놓고 이런 상황을 불평하거나 문제 삼지는 않지만 이제 그녀는 지쳤고, 더는 존이랑 살고 싶지 않다.

매기스 플랜 매기는 존을 전처인 조젯에게 돌려보내기 위해 그녀와 작전을 짠다.

유부남과 사랑에 빠진 여자들이
공통적으로 하는 큰 착각은
'이 남자가 불행한 이유는 아내를 잘못 만났기 때문이고,
나랑 살면 행복할 거란 믿음'이다.

그녀는 생각한다. 자기가 돈도 벌고, 애도 키우고, 혼자 모든 걸 다하며 살고 있다고. 이건 뭔가 잘못된 거 같다고. 애초에 내가 원했던 건 아이일 뿐이고, 이런 결혼생활을 기대했던 건 아니라고.

복잡다단한 생각으로 괴로운 그녀에게 전처 조젯의 소식이 들려온다. 호기심에 조젯의 신간 발표회를 찾아간 매기는 뜻밖에 그곳에서 조젯에게 반하고 만다. 존의 말만 들었을 때는 사악한 마귀할멈의 이미지였던 조젯이 실제로 만나보니 너무나 지적이고 우아하며 너그러운 사람임을 확인한 매기는 엉뚱한 계획을 세운다. 바로 남편 존을 전처인 조젯에게로 돌려보낼 계획을 말이다. 조젯은 존을 원망했지만 그와 떨어져 지내는 동안 자신의 이기적인 태도를 반성하고 다시 그와 함께 살려는 마음이 있다. 이리하여 한 남자의 현재 아내인 매기와 그의 전처인 조젯은 의기투합해 서로의 필요를 만족시키려 한다.

두 여자 사이에 싹트는 우정

영화 속 배경은 결혼한 지 일 년 된 유타 출신 모르몬교 신자도 커밍아웃하게 만드는 뉴욕이다. 보기 드물고 기이한 모든 것이 자연스럽게 받아들여지는 곳이니까 이런 사랑, 이런 관계도 충분히 가능할 법하다. 그러나 배경이 뉴욕이라는 것보다 매기와 조젯, 이 두 여자의 캐릭터가 이런 상황에 확실한 개연성을 부여한다. 매기는 낙천적이고 조젯은 냉철하다. 하지만 둘 다 자기에게 주어진 상황을 객관적으로 볼 줄 알며, 그 안에서 자신이 무엇을 느끼고, 원하는지 정확히 알고 있다. 드물게 중심이 잘 잡힌 사람들이다. 때문에 표면적으로 드러나는 성격은 판이하게 다르지만 둘 다 주체적으로 행동하며 상대를 편견 없이 볼 수 있는 것이다.

매기가 이혼을 요구하면 존이 거세게 저항할 것이 불 보듯 뻔한 상황에서 두 여자는 그가 자발적으로 조젯에게 돌아갈 수 있도록 협공 작전을 펼친다.

이 기막힌 작전이 순탄하게 진행될 리가 있을까? 우여곡절을 함께 겪으며 두 여자 사이에 전우애 같은 우정이 싹트는데 서로에게 빠져드는 걸 피차 믿을 수 없어하면서도 멈추지 못하는 모습이 큰 웃음을 준다. 특이한 로맨틱 코미디다. 남편의 전처라든지, 내 남편을 뺏어간 여자 같은 고정된 이미지에 사로잡히지 않고 상대방을 있는 그대로 보면서 이들은 자신에게 없는 장점을 서로에게서 발견하고, 진심으로 칭찬하며 마침내 친구가 된다.

그러나 다른 한편으로 나는 믿기 힘든 이런 일이 주인공들의 훌륭한 인간성만으로 가능했다고 생각하지 않는다. 이런 이상적인 관계와 상황을 현실화시킨 핵심 요소는 두 사람이 지닌 '경제력'이라고 본다. 매기도 조젯도 존과 이혼하면서 돈 걱정을 하지 않는다. 둘 다 남편에게 의존하지 않고, 자신과 아이의 삶을 책임질 수 있는 실질적인 힘, 즉 경제적 능력이 있다. 따라서 양육권을 빼앗길 위험도 없다. 그러니까 이토록 쿨한 관계라는 것이 실제로는 경제력의 뒷받침 없이는 불가능하다는 것이다. 물론 경제력이 있다고 다 매기와 조젯처럼 이렇게 쿨하게 지낼 수 있는 건 아니겠지만, 없다면 아예 불가능하지 않겠는가?

기대를 내려놓을 수 있어야 한다는 깨달음

남자에게 연연하지 않는 쿨한 여자들의 기묘한 연대를 보는 것도 재밌었지만 이 영화가 보여주는 부부간의 역학관계도 상당히 흥미로웠다. 존은 조젯과 살 때는 보통의 가정에서 아내가 맡는 역할을 해왔다. 그는 조젯의 사회적·학문적 성공을 위해 자신의 욕망을 억누르고 아내에게 맞춰주는 삶을 살았는데, 매기와 살 때는 정반대의 입장이 되는 모습을 보이니 아이러니하다.

사람은 누구와 사느냐에 따라 태도가 달라질 수 있다는 것일까?

그것도 완전히 틀린 말은 아니겠지만 그보다는 부부관계라는 것이 힘의 균형을 이루기가 얼마나 어려운지를 보여주는 것 같다. 매기는 존과 살면서 희생적인 아내 역할을 하지만 그런 자신의 위치를 자각한 후에는 남편의 행동을 바꿔보려고 애쓰지 않고, 그를 전처에게 돌려보내려고 한다.

이별에 연연하지 않는 매기의 태도는 주목할 만하다. 이별이 그녀에게 고통스럽지 않아서 그런 결정을 쉽게 내린 것은 물론 아니다. 그녀는 타인이 내 뜻대로 되는 존재가 아니라는 걸 알고 있다. 왜냐하면 자신도 다른 사람의 뜻대로 살 수 없다는 걸 알기 때문이다. 할 수 있는 건 상대를 있는 그대로 받아들이든가, 떠나든가 둘 중 하나다. 어느 것이 옳고 그르고의 문제가 아니다. 선택의 문제이고, 그 선택에 책임지는 자세가 중요한 것이다.

매기는 자신과의 가정생활에 있어 이기적인 존이 조젯과 살 때는 그렇지 않았다는 걸 잘 알고 있었고, 또 자신이 앞으로도 계속 그를 위해 희생할 수 있는 사람이 아니라는 것도 알게 되었다. 그래서 남편을 조젯에게 돌려보내겠다는 생각을 하게 된 것이다.

여자들은 아무리 말해도 바뀌지 않는 남편 때문에 고통스러워한다. 남편이 내가 원하는 대로 행동하지도 않고, 원하는 만큼 날 사랑해주지도 않아서 우울증에 빠진 경우도 심심치 않게 본다. 사랑하는 남편이나 자식일지라도 타인일 뿐이며 내 기대나 바람대로 움직여주지 않는다는 걸, 아니 그럴 수 없다는 걸 인정하고, 기대를 내려놓을 수 있어야 한다. 결코 쉽지 않은 일이다. 만약 우리가 선택한 배우자와 헤어지지 않고 같이 살거라면 그건 아마 평생 동안 계속적으로 노력해야 할 과업이 될 지도 모르겠다.

영화의 말미에 매기, 존, 조젯, 이 세 사람이 사이좋게 나란히 서서 스케이트를 타는 자녀들의 모습을 바라보고 있는 장면이 나온다. 한 남자와 그의 두 아내들이 사이좋게 지내는 건 흔치 않은 일이다. 이혼 후에 양육비를 주지 않으려는 전 남편과 피투성이가 되도록 싸워야 하는 여자들의 현실을 생각하면 이 장면은 말 그대로 영화 같은 일일 뿐이다.

배우들의 연기도 훌륭하고, 이야기가 시종일관 유쾌한 톤을 유지하며 흘러가서 재밌게 보았다. 결혼생활의 모순을 재치있게 그려내고, 남자에게 종속되지 않는 여성상을 보여줬다는 점에서 고무적인, 참으로 보기 드문 로맨틱 코미디라 하겠다.

영화로 나를 만나는 시간

Q. 만약 남편을 반납한다면 반납사유는 무엇일까요?
남편이 나를 반납한다면 그 이유는 무엇일까요?

매기스 플랜 자녀들이 스케이트 타는 것을 다정하게 지켜보는 매기, 조젯 그리고 존.

사람은 누구와 사느냐에 따라 태도가 달라질 수 있다는 것일까?
그것도 완전히 틀린 말은 아니겠지만
그보다는 부부관계라는 것이 힘의 균형을 이루기가
얼마나 어려운지를 보여주는 것 같다.

결혼생활의 민낯을 보다

다큐멘터리 영화 **〈소꿉놀이〉**

다큐멘터리 I 한국 I 97분 I 2016 .02.25 개봉 I **감독** 김수빈
출연 김수빈, 하강웅, 하노아

김수빈 감독의 다큐멘터리 영화 〈소꿉놀이〉는 100% 자전적인 이야기다. 꽃다운 나이 23살. 한참 연애하고, 공부하고, 꿈을 키울 파릇파릇한 청춘의 도입부에서 그녀는 덜컥 혼전임신을 하게 된다. 학교를 휴학하고, 갑자기 결혼을 하게 되면서 자기 집을 떠나 시댁에서 살게 되고, 출산을 하고, 아이를 키우는 날들이 반복된다. 청춘드라마에 나오는 사랑에 빠진 여대생 캐릭터에서 아기 엄마로 변한 수빈은 정체성에 혼란을 느낀다. 그러나 갓 태어난 아기는 엄마에게 생각할 틈을 주지 않는다. 닥치는 대로 살아야 하는 초보 엄마의 눈물겨운 분투가 시작된 것이다.

소꿉놀이 앞으로 펼쳐질 미래는 상상도 하지 못했던 결혼식 날의 수빈.

청춘드라마에 나오는 사랑에 빠진 여대생 캐릭터에서
아기 엄마로 변한 수빈은 정체성에 혼란을 느낀다.
그러나 갓 태어난 아기는
엄마에게 생각할 틈을 주지 않는다.

여자의 모습을
획일적으로 똑같이 만드는 육아

학업을 포기할 수 없어 학생 엄마가 된 수빈의 하루는 바쁘게 돌아간다. 수업을 듣기 위해 아이를 어린이집에 맡기고 수업이 끝나면 다시 찾아와서 밥을 먹이고, 씻기고, 재우고, 졸린 눈을 비비며 과제를 한다. 또 이유식을 만들고, 빨래 청소를 하고, 생계를 위해 번역 아르바이트까지 해야 하는데 이걸 다 어떻게 하란 말인가? 수빈은 눈물을 흘린다. 그 모습을 보는 나도 코끝이 찡해지면서 화면을 사이에 두고 그녀와 함께 울었다.

수빈은 결혼사진을 꺼내본다. 가녀린 어깨를 드러내는 순백의 드레스를 입고, 입가엔 수줍은 미소를 머금은 어린 신부의 모습이 보인다. 결혼할 때만 해도 좋았지, 우리 이렇게 예뻤지, 그러나 아름다운 추억에 찬물을 끼얹듯이 바로 이어서 가사와 육아에 찌든 현재 수빈의 모습이 나타난다.

마룻바닥에 쭈그리고 앉아 잔뜩 쌓여있는 빨래를 개고 있는 수빈의 옷차림은 목이 늘어난 후줄근한 면 티셔츠와 무릎 나온 츄리닝 바지로 방금 설거지를 마치고 애를 재우고 겨우 TV 앞에 앉아 〈소꿉놀이〉 영화를 보고 있는 내 옷차림과 같다. 심지어 민낯에 안경, 피곤에 찌든 표정까지 마치 거울처럼 토씨 하나 안 틀리고 나와 닮았다. 23살이나 33살이나 43살이나 어떻게 육아는 여자의 모습을 이렇게나 획일적으로 똑같이 만들어 버리는지 놀라울 따름이다. 나는 엄마이고, 아내이고, 며느리이지만 그래도 나, 김수빈이고 싶은데 그게 이렇게 어려운 일이 될 줄이야….

뮤지컬 배우인 남편은 가족을 부양하기 위해 불안정한 프리랜서 생활을 그만두고 안정적인 직업을 찾아야겠다며 일식 요리사 자격을 준비한다. 하던 일을 그만두고 요리를 새롭게 배우는 과정이 쉬울 리가 있는가? 게다가 자기 꿈을 버리고 새롭게 시작한 일이니 그 마음은 또 오죽할까. 그런데 남편은 일식 요리를 제대로 배우겠다며 일본 유학을 가겠다고 한다. 무슨 뜻인지 잘 알겠고 본인에게도 쉽지 않은 길이라는 걸 너무나 이해하지만 남겨진 처자는 어쩌란 말인가?!

연인에서 육아공동체의 두 주체가 되다

〈소꿉놀이〉는 그 어떤 육아 예능보다 생생하고 사실적이며 정치적이다. 삶의 보편적 과정으로 육아가 남자와 여자의 삶을 어떤 식으로 바꾸어 나가는지 객관적으로 보게 만들며, 육아와 결혼

소꿉놀이 빨래를 개는 수빈의 표정과 차림새가 나와 똑 닮았다.

부부가 서로 누가 더 힘든지 따지면서 부딪치기 시작하면
그건 바로 출구 없는 미로에 갇히는 꼴이다.
잘못한 사람은 없는데 피해자만 있는 부조리한 상황이
어린 아이를 키우는 부부가 경험하는 현실이다.

생활의 메커니즘을 정확하게 포착해낸다. 부모 양쪽의 전적인 헌신을 요구하는 아이의 존재는 서로에게만 집중하던 부부를 로맨틱한 상황에서 거칠게 밀어낸다. 충격적인 것은 이러한 과정이 실제로 닥치기 전까지는 전혀 상상하기가 어렵다는 것이다. 연애할 때는 서로의 꿈을 격려하고 응원했지만 이제는 상대의 꿈이 부담스럽다.

남편은 생계부양자의 역할을 맡아 돈을 벌기 위해 배우의 꿈을 포기하고 직업을 바꾸었다. 그런 그는 살림과 육아에 치여 학업과 커리어를 병행하기가 벅찬 아내가 자기 자신이 사라지고 있다며 우는 걸 받아줄 여유가 없다. 부부가 서로 누가 더 힘든지 따지면서 부딪치기 시작하면 그건 바로 출구 없는 미로에 갇히는 꼴이다. 잘못한 사람은 없는데 피해자만 있는 부조리한 상황이 어린 아이를 키우는 부부가 경험하는 현실이다.

그래서 수빈의 남편은 몸부림치며 우는 아내를 달래지 못하고 도리어 고함을 친다. "너, 너 일해! 가서 네가 하고 싶은 일, 네가 원하는 꿈 다 이뤄!" 나를 위해서라면 하늘의 별이라도 따다줄 것 같았던 그런 연인은 이제 사라졌다.

애인이 아프면 걱정이 되지만 남편이나 아내가 아프면 걱정도 되면서 동시에 짜증이 나는 게 사실이다. 비록 잠시일지라도 상대방을 돌봐야 하는 역할까지 감당할 힘이 없는 데다, 상대가 앓아

누워있는 동안 그가 해야 하는 노동이 자기 몫으로 돌아오기 때문이다. 안 그래도 힘든데 말이다. 이렇게 부부는 연인에서 육아공동체의 두 주체로 탈바꿈한다.

누구에게나 힘든 육아

김수빈 감독은 2011년에 출산을 했다. 내가 딸을 출산한 해와 같아서 그녀의 딸과 내 딸은 동갑이다. 그녀와 내가 띠동갑을 넘어선 나이차임에도 불구하고 같은 시기에 비슷한 경험을 했다는 것에 묘한 기분을 느낀다. 늦은 나이에 결혼과 출산을 한 나는 내가 나이가 많아서 아이를 키우는 게 이렇게 유독 힘든 건가 의심한 적도 많았는데, 이 다큐멘터리 영화를 보니 육아는 나이와 상관없이 누구에게나 원래 그렇게 힘든 일이구나 싶어 위로가 되었다.

기성세대는 요즘 젊은이들이 유약하고 책임감이 없다는 식으로 말하곤 하는데 영화 속에서 내가 만난 부부는 자기 선택에 최선을 다하며 그 누구보다 책임감 있는 어른의 모습이었다. 취업준비생이라는 획일화된 모습으로 그려지는 또래 젊은이들의 다른 모습을 볼 수 있다는 점에서도 신선하다.

또한 이 영화에는 감독의 친정어머니와 시어머니의 인터뷰가 많이 등장하는데 두 분 모두 자기 자식 중심적인 생각에서 벗어나 부부가 처한 상황을 객관적으로 보려고 노력한다. 적절한 도움만 주고 불필요한 간섭을 하지 않는 모습이 무척 인상적이었으며, 결혼한 자녀를 둔 부모들이 지향해야 할 모습이라고 생각한다.

임신부터 결혼과 출산을 거쳐 남편이 일본으로 유학을 떠나고, 아이와 둘이 남은 현재까지 4년의 기간을 97분의 러닝 타임에 짜임새 있게 담아낸 것도 눈여겨볼 만하다. 적절한 애니메이션과 자료 화면을 곁들여서 인물들의 내적 상태에 대한 이해를 풍부하게 만들고, 감각적인 편집으로 강도 높은 육아 전쟁의 현실을 신파조로 몰아가지 않는다. 젊은 감독의 재치가 돋보인다.

첫 아이를 낳고 4년이 지나는 시간은 그냥 4년이 아니다. 그건 40년이고, 400년이고, 400만 년이고, 영원히 끝나지 않을 영겁의 시간으로 느껴지기 때문이다. 긴 시간 동안 자신의 삶을 이해하고자 영상으로 기록하고, 마침내 한 편의 다큐멘터리로 완성해낸 김수빈 감독의 강한 의지에 마음에서 우러나온 찬사와 큰 박수를 보낸다.

김수빈 감독은 복 받은 사람이다. 힘들고 어려운 시간이었지만 이해심 많은 가족들의 지지와 응원 속에서, 무엇보다 사랑 속에서 영화 한 편을 완성할 수 있었으니 말이다. 매우 예민하고 사적인 순간에서 조차(격렬한 부부싸움의 순간과 심지어 시부모님의 부부싸움 순간까지) 잊지 않고 카메라를 돌리고 있었다는 사실을 상기하면 역시 예술가란 이런 존재인가 싶다.

아직 그녀의 신작 소식이 들리지 않고 있다. 자신의 삶을 다큐멘터리로 만들 정도로 그토록 이루고 싶어 했던 감독의 꿈을 절대로 포기하지 않길 응원하며 그녀의 새 작품을 기다린다.

영화로 나를 만나는 시간

Q. 결혼 전 남편의 꿈이 무엇이었는지 알고 있나요?
결혼 생활을 위해 그가 포기한 것이 있다면 그것은 무엇인가요?

소꿉놀이 가사와 육아에 대한 부담에 짓눌린 수빈은 자신이 사라지고 있다고 절규한다.

첫 아이를 낳고 4년이 지나는 시간은

그냥 4년이 아니다.

그건 40년이고, 400년이고, 400만 년이고,

영원히 끝나지 않을 영겁의 시간으로 느껴지기 때문이다.

소는 누가 키우나?

영화 〈**인턴**〉

코미디 I 미국 I 121분 I 2015. 09. 24 개봉 I **감독** 낸시 마이어스
주연 앤 해서웨이, 로버트 드 니로

영화 〈인턴〉은 30대 여성 의류 쇼핑몰 CEO와 70대 할아버지 인턴의 세대와 지위와 젠더를 초월한 소통과 우정을 보여주는 아름답고 훈훈한 작품이다.
매우 이상적인 인간관계를 그린 이 영화를 보면서 많은 사람이 대리만족을 느끼고 각박한 현실의 고단함을 달랜 거 같던데, 어째서 나는 영화를 재밌게 봤으면서도 혼자 이렇게 씁쓸함을 느끼는 걸까? 현실과 이상의 간극이 너무 크게 느껴진 탓도 있지만 그게 전부는 아니다. 이 씁쓸함의 정체는 뭘까?

성 역할이 완전히 뒤바뀐 줄스의 가정

평범한 전업주부였던 주인공 줄스는 자기 집 부엌에서 시작한 인터넷 의류 쇼핑몰을 일 년 반만에 200명이 넘는 직원을 둔 회사로 키워냈다. 스타트업 기업의 성공신화를 만들며 주목받는 여성 CEO가 된 줄스의 하루는 눈코 뜰 새 없이 바쁘게 돌아간다. 이 영화에서 줄스의 가정은 일반 가정과 성 역할이 완전히 뒤바뀐 모습으로 나타나는데 그 점이 흥미롭다.

일 때문에 바빠서 가정에 소홀하게 되는 아내, 아내를 위해 전업주부의 역할을 맡았지만 가사와 독박육아에 치여 점점 자신을 잃어가는 남편. 줄스의 남편 맷은 아내를 사랑하지만 바쁜 아내와는 대화를 나눌 기회조차 만들기 어렵다. 그러던 어느 날 그는 자신과 처지가 같은 딸의 유치원 친구 엄마와 바람이 난다. 한편 회사가 커지자 투자자들은 줄스를 대신할 전문 경영인을 영입하고자 하고, 줄스는 자신이 어렵게 키운 회사를 뺏기는 게 아닌지 심란해진다. 그런 와중에 남편의 불륜 사실을 알게 된 그녀는 자신이 바빠서 남편이 바람을 피우게 된 거라고 생각하고, 가정을 지키기 위해서라도 CEO 자리를 포기하는 게 옳지 않나 고민한다.

섬세하고 세련된 감각을 지닌 유능한 사업가이지만 아직 인생 경험이 풍부하지 않은 줄스에게 이런 문제는 어렵기만 하다. 이때 70세 인턴사원인 벤이 멘토가 되어 회사를 운영했던 자신의 경험과 연륜으로 줄스를 도와줘 그녀가 회사도 지키고, 가정도 지키게 된다는 이야기다. 영화니까 이렇게 해피엔딩이다.

줄스에 따르면 남편 맷은 마케팅 분야의 떠오르는 스타였단다. 육아를 위해서 부부 둘 중 한 명이 직장을 그만둬야 하는 상황이 생기자 그는 아내를 위해 자기가 집에 남기로 했다. 사랑하는 가족을 위해 자신의 일을 내려놨지만, 그렇다고 힘들지 않은 건 아니다.

많은 여자들이 전업주부로서 경험하는 자아상실의 고통을 여기선 남편이 느낀다. 가사와 육아가 보람되고 소중한 일이라는 걸 모르는 사람이 있을까? 그런데 털어놓고 말해서 그 일의 구체적 실체는 3D 업종에 다름없다. 세탁, 설거지, 청소, 그것의 무한반복이다. 어떤 부모도 자기 자식에게 자라서 가사도우미나 청소부가 되라고 독려하지 않는다는 걸 생각할 때, 같은 일이 집에서 여성인 주부가 한다는 이유로 미화되고 있음을 부정할 수는 없다.

나와 우리 가족이 먹고 사느라 발생하는 일이 살림이니까 온 가족이 힘을 모아 함께 하는 게 가장 이상적이고 바람직하겠지만 현실은 전혀 그렇지 못하다. 이 영화에서도 사업하느라 바쁜 줄스는 집안일을 거의 하지 않는다. 우리가 흔히 아는 '회사 업무로 바쁜 남편들'과 똑같다. 맷의 탈선은 분명 잘못된 일이고 전혀 두둔할

인턴 젊고 유능한 의류업체 사장인 줄스가 직원들과 회의를 하고 있다.

성 역할이 완전히 뒤바뀐 모습으로 나타나는데 그 점이 흥미롭다.
많은 여자가 전업주부로서 경험하는
자아상실의 고통을 여기선 남편이 느낀다.
가사와 육아가 보람되고 소중한 일이라는 걸 모르는 사람이 있을까?

마음도 없지만, 가사가 가정 내에서 그 일을 전담하는 사람의 자아에 상처를 입히는 면이 있다는 걸 증명한다. 전업주부들이 맘충이라 집에서 '놀면서' 우울하네, 어쩌네 앓는 소리나 하는 게 아니란 걸 보여주는 사례란 말이다.

줄스는 남편의 바람을 성공한 아내 곁에서 남성성에 위협을 느낀 남자들의 전형적인 반발로 이해하는데 내 생각은 좀 다르다. 맷이 다른 남자들보다 깨어 있는 남자라 아내를 위해 기꺼이 자기 일을 내려놓았다고 생각한다. 남성성이 위협받는 게 두려웠다면 애초에 그런 결정을 하지 못했을 것이다. 어쩌면 둘 중 더 잘 나가는 사람을 먼저 밀어주자는 차원에서 우선권을 아내에게 주었을지도 모르겠다.

그렇다면 그의 차례는 과연 돌아올까? 사업이 잘되면 잘되기 때문에 어려우면 어렵기 때문에 줄스는 계속 더 바빠질 텐데?

내 삶에 난 구멍을 채우고 싶어

영화는 70대 인턴사원 벤과 CEO 줄스의 환상적인 케미를 보여주는데 주력한다. 왕년에 전화번호부 회사의 부사장이었던 벤은 사업가 줄스의 어려움을 뼛속까지 이해하는 것처럼 보인다. 줄스의 재능과 성공에 감동한 벤은 철저하게 그녀의 편에서 생각하고 그녀를 위한 조언을 하며 도움을 주는데, 그게 이 영화가 갖는 미덕의 핵심이다. 그런데 유감스럽게도 나는 벤에게 섭섭하다. 내가 같은 여자인 줄스에게 감정이입을 하지 못하고, 남편인 맷에게 동화된 탓이다.

영화의 도입부에서 벤은 줄스의 회사에 취업하기 위해 자기소개 동영상을 찍는다. 그는 은퇴 후 여행도 많이 다녔고, 온갖 취미생활을 다 해봤다고 한다. 그런데도 만족을 느끼지 못한 그는 이렇게 말한다. "난 그저 내 삶에 난 구멍을 채우고 싶습니다." 그래서 그는 그 '구멍'을 무엇으로 채웠나? 성취감을 느끼게 만드는 '일'로 채운다. 줄스의 회사에서 자기 능력을 인정받으면서 그는 삶의 활력을 회복한다.

하지만 내가 보기에 이 영화에서 정말로 삶에 구멍이 난 사람은 줄스의 남편 맷이다. 줄스는 맷이 원래 자기보다 잘 나갔었다고 말했다. 그런 사람이 자신이 배운 전문지식이나 기술이 필요 없는 가사만 하고 있는 것이다. 거기엔 분명 보람도 있겠지만 자기 인생을 생각할 때 느껴지는 공허함은 어떻게 메워야 할까? 벤은 줄스에게 남편이 바람피우지 않을지도 모른다는 희망 때문에 CEO를 포기해선 안 된다며 회사를 지키고 성공적인 커리어를 누

인턴 처음엔 벤을 등한시하던 줄스는 시간이 지나면서 일처리에 노련한 그의 진가를 알게 된다.

우리에게 익숙한 보편적인 가정 모델이라면
'사업하는 남편을 위해서 아내인 네가
희생하고 참고 살라는 뜻'이 된다.
벤은 왜 줄스의 입장만 이해하는 걸까?

리라고 충고해준다. 그건 곧 남편 맷에게 계속 더 희생하라는 뜻이다. 그런데 만약 줄스가 여자가 아닌 남자였다면? 그리고 집에 있는 남편 맷이 여자라면? 즉 우리에게 익숙한 보편적인 가정 모델이라면 벤의 충고는 '사업하는 남편을 위해서 아내인 네가 희생하고 참고 살라는 뜻'이 된다. 벤은 왜 줄스의 입장만 이해하는 걸까? 마음의 구멍을 느껴본 사람이 어째서 맷의 구멍에는 공감하지 못하는 걸까?

배우자 한쪽의 희생을 담보로 유지되는 결혼생활은 결코 원만하게 지속될 수 없다. 여자가 사회적 성공을 거두는 모습은 멋지고, 부럽고, 나도 그렇게 하고 싶지만 줄스와 맷처럼 사는 것이 곧 남녀평등을 의미한다고 생각하지 않는다.

지난 역사 속에서 그리고 지금도 수많은 여자들을 고통스럽게 하는 희생자의 자리에 남자가 앉는다고 해서 성 평등을 이루었다고 말할 수는 없지 않나? 줄스에게 이렇게 말하고 싶다. 맷이 바람피우지 않을지도 모른다는 희망 때문이 아니라 그의 인생을 존중하기 위해서 당신도 내려놓아야 할 것이 있으며, 더 늦기 전에 남편과 함께 성장할 수 있는 방법을 찾아보라고 말이다. 그가 당신을 위해 희생했으니 당신도 더 늦기 전에 그에게 기회를 줘야 한다고. 맷의 경력단절 기간이 길어질수록 재취업은 요원해질 테니까 조금 느리게 가더라도 맷과 함께 갈 수 있는 길을 모색하라고.

결혼생활의 딜레마

영화에서는 결국 맷이 CEO를 영입하려는 줄스에게 울면서 사과하고, 자기 때문에 회사를 포기하지 말라고 한다. 그야말로 영화다운 결론이다. 그는 언제까지 견딜 수 있을까? 스스로는 알까?

남편 맷이 계속 집에 남아서 내조하는 걸로 미봉된 결론은 나를 불편하게 한다. 전업주부인 여자들 중 많은 수가 맷과 같이 배우자의 성공을 위해 자기 일을 포기하고 가정에 남으니까. 일전에 유치원 학부모 모임에서 만난 한 엄마의 씁쓸한 읊조림이 떠오른다. '이럴 줄 알았으면 공부는 왜 했나 몰라….' 공대 출신이라고 자기를 소개한 그녀는 아이 뒤만 쫓아다니는 자신의 삶이 조금 답답하게 느껴진다고 했다.

어떤 사람들은 남편이 돈을 잘 벌어 와서 힘들게 일하지 않고 편하게 쓰면서 살면 좋지 않냐고 말한다. 그런데 사업에 성공한 줄스가 돈을 많이 벌어와서 더 좋은 집으로 이사를 가고, 해마다 고급 휴양지로 휴가를 떠나고, 휴양지에서조차 휴대폰을 손에서 놓지 못하고 계속 통화를 해야 하는 아내를 쳐다보며 살아야 하는 게 유감이긴 해도 그 아내가 벌어온 돈으로 명품을 휘감고 다니고, 아이를 명문 사립학교에 입학시키고, 아이비리그 대학에 들여보내면 그는 그것으로 자신의 일을 포기한 게 다 보상이 될까?

영화는 벤을 통해 이상적인 노인의 모습을 제시하며 세대 간의 소통에 대한 바람직한 본보기를 제시하는데 성공하지만 그 과정에서 뜻밖에 결혼생활의 딜레마를 건드리고 말았다. 이 영화의 해피엔딩이 주인공인 CEO 줄스와 인턴인 벤에 의해 완성되지 않고, 남편 맷의 뉘우침과 앞으로도 계속될 희생에 대한 약속으로 이루어진다는 것이 아쉬울 뿐이다. 그런 맥락에서 난 이 영화가 몹시 가부장적이라고 느낀다.

영화로 나를 만나는 시간

Q. 십년 뒤의 내가 어떤 모습이길 바라나요?
원하는 미래를 구체적으로 묘사해보세요.

인턴 줄스는 모든 일을 벤과 상의하게 된다.

맷은 다른 남자들보다 깨어 있는 남자라
아내를 위해 기꺼이 자기 일을 내려놓았다.
남성성이 위협받는 게 두려웠다면
애초에 그런 결정을 하지 못했을 것이다.

내가 아직 한 여자의 딸이기만 했을 때
나에게 있어 엄마란 그저 엄마일 뿐 다른 누구도 될 수 없었다.
엄마의 모든 관심과 노력은 오직 자식인 우리들에게로 향하는 게 당연했다.
난 엄마가 그런 '엄마다움'에서 벗어나는 걸 견딜 수 없었다.
내가 한 아이의 엄마가 되고서도 한참이 지나서야
난 내가 기대하던 그런 엄마가 결코 될 수 없음을 깨달았다.
엄마이기 전에 한 사람의 '인간'이라는 것을 비로소 깨달은 것이다.

Chapter 2

엄마의 여러 얼굴

모성의 그림자

영화 〈바바둑〉

공포, 스릴러 | 오스트레일리아 | 93분 | 2014. 07. 09 개봉 | **감독** 제니퍼 켄트
주연 에시 데이비스, 노아 와이즈만

나는 영화 〈바바둑〉을 보면서 공포영화에서 감동과 위로를 받는 특별한 경험을 할 수 있었다. 모두가 무서워하는 장면에서 웃음이 나왔고 마음이 아팠는데, 이는 내가 강심장이어서가 아니라 그게 내 이야기이기도 하기 때문이다. 보는 사람에게 현기증을 일으키는 싱글맘 아멜리아의 일상은 아이를 키우는 엄마의 생활이라는 게 조금만 떨어져서 바라보면 상당히 부조리하고 심지어 섬뜩할 수조차 있다는 걸 드러낸다.

악령보다
더 무서운 독박육아

아멜리아는 요양원에서 치매노인을 돌보는 간병인으로 일하며 초등학교에 다니는 만 6살 된 아들 사무엘을 키우고 있다. 혼자서 생계와 살림, 육아를 책임지는 것만으로도 벅찬데 과잉행동장애가 있는 아들은 공격적인 성향을 보여 학교에서 왕따를 당하고 문제아로 낙인찍혀 있다. 아멜리아는 그런 아들을 통제하지 못한다는 이유로 주변 사람들에게 비난을 받는다.

그녀는 만성적인 수면부족에 시달리고 있다. 사무엘은 밤마다 무섭다며 아멜리아의 침대로 파고든다. 두 사람은 매일 밤 옷장 문을 열어보고, 침대 밑을 들여다보며 거기에 아무도 없다는 걸 확인한다. 사무엘이 자기 방 침대를 놔두고 엄마 곁에 누워 침대를 혼자 다 차지하고, 이를 갈면서 팔과 다리를 엄마의 목과 배에 올려놓는 통에 그녀는 도무지 잠을 잘 수 없다. 무엇보다 밤마다 반복되는 악몽이 제일 문제다.

그녀는 6년 전 사무엘을 출산하러 가는 길에 자동차 사고로 남편을 잃었는데 꿈속에서 사고 당시의 상황이 계속 반복되며 그녀를 괴롭힌다. 창백한 얼굴로 사지에 힘이 하나도 없이 움직이는 그녀가 노인들과 아들을 돌보는 모습을 보고 있으면 불안한 마음

바바둑 밤마다 집안에 아무도 없다는 것을 확인하는 아멜리아와 아들 사무엘.

악령보다 더 무서운 독박육아.
보는 사람에게 현기증을 일으키는 싱글맘 아멜리아의 일상은
아이를 키우는 엄마의 생활이라는 게 조금만 떨어져서 바라보면
상당히 부조리하고 심지어 섬뜩할 수조차 있다는 걸 드러낸다.

이 든다. 간신히 유지되고 있는 그녀의 정신줄이 곧 끊어질 거 같아 조마조마하다. 그녀의 모습은 그 어떤 악령보다 더 무서운 게 독박육아라는 걸 절절히 깨닫게 한다.

어느 날 밤, 사무엘은 책장에서 빨간색 표지에 『바바둑』이라는 제목이 적힌 그림책을 꺼내와 읽어달라고 한다. 자신을 너와 나의 친구 바바둑이라고 소개하는 괴기스러운 생김새의 주인공이 밤이 되면 네 방을 찾아올 거라고 말한다. 곧 모습을 드러낼 거라며 너는 나를, 죽음을 갈망하게 될 거라고, 절대로 바바둑을 벗어날 수 없다고, 그러니 자신을 들여보내 달라고 이야기한다. 섬뜩해진 아멜리아는 그 책을 아들의 손이 닿지 않는 곳에 치워버리지만 사무엘은 바바둑을 무서워하면서도 그 이야기에 매료된다.

아이는 끊임없이 바바둑 이야기를 하며 바바둑이 보이는 것처럼 행동해서 엄마를 당황하게 만든다. 사무엘이 엄마 주변에 있는 바바둑을 먼저 인지한 걸로 보이는데 바바둑에게서 엄마를 지켜줄 거라고 말하면서 말썽을 피우니 가엾은 아멜리아는 혼이 나갈 지경이다.

아이는 꽥꽥거리는 소리로 쉬지 않고 엄마를 계속 불러대고, 나무로 총 같이 생긴 이상한 장난감을 만들어 주변을 위협하는가 하면, 높은 곳에 올라가서 보는 사람을 기절하게 만들고, 운전중인 차 안에서 앞좌석을 발로 차고, 한시도 가만히 있질 못하고 어수

선하게 굴더니 결국 사촌동생의 생일파티에 놀러 갔다가 자신을 놀리는 동생을 나무 위에 있는 통나무집 밖으로 밀어서 떨어지게 하는 대형 사고를 친다.

이제 바바둑은 스트레스가 극에 달한 아멜리아에게도 감지되기 시작한다. 내다 버린 『바바둑』 책이 초인종 소리와 함께 문 앞에 놓여있고 다시 열어본 책의 내용은 달라져있다. 거기에는 아멜리아로 보이는 여자가 바바둑에게 잠식되어 키우던 강아지와 아들을 교살하고, 식칼로 자신의 목을 긋는 장면이 묘사되어 있다. 놀란 아멜리아는 책을 불태워버리지만 그 뒤로 바바둑은 책이 아닌 현실에 환영처럼 나타나 그녀를 괴롭힌다. 마침내 바바둑이 그녀의 입속으로 들어오고 그녀는 바바둑이 책에서 예언한 대로 행동한다.

본격적인 공포의 시작이다. 놀랍게도 말썽꾸러기 사무엘이 엄마를 구하려고 그동안 익힌 말썽의 기술을 총동원해 바바둑에게 맞선다. 바바둑에게 잠식되어 자식을 죽이려고 달려드는 엄마와 그런 엄마를 바바둑으로부터 구하려는 아들의 숨 막히는 한판 승부가 펼쳐진다.

심연에 존재하는 폭력성

아멜리아는 직장에 다니고 있고, 사무엘 또래의 딸을 키우는 여동생과 교류하며 지내고 있지만 실제로는 고립되어 있다. 그녀는 자신이 겪고 있는 어려움과 고통을 누구하고도 나누지 못한다. 그녀가 의지하고 싶은 여동생은 사무엘을 핑계로 언니의 어려움을 외면하고, 그녀를 돕고 싶어 하는 시어머니는 파킨슨병에 걸려 자기 몸도 가누기도 힘든 노파다.

육아가 얼마나 힘든지는 직접 겪어보기 전에는 모른다. 하루 종일 우는 아이의 시중을 들다보면 내 입으로 밥 한 숟가락 밀어 넣을 틈도 없는 그런 날들의 연속이다. 사무엘처럼 과잉행동장애가 있지 않더라도 아이를 키우는 일은 그토록 고된 법인데 그 모든 과정을 6년째 혼자 감당하면서 그녀가 얼마나 시달렸을지는 직접 보지 않아도 알 수 있다.

그런데도 그녀는 자신의 슬픔과 고통, 분노와 좌절을 드러내지 않고 늘 친절한 태도를 유지한다. 그런 그녀가 바바둑이 안으로 들어오자 돌변한다. 말도 못하게 폭력적으로 난동을 부리며 아이를 죽이려 든다. 악령으로 표현된 바바둑은 독박육아로 인한 고통의 절정에서 발견한 자신의 심연에 존재하는 폭력성이다.

바바둑 마침내 아멜리아는 아들을 지키기 위해 바바둑에게 강하게 맞선다.

아멜리아의 끔찍한 언행이 수면 부족에 시달리며
아이의 계속되는 울음에 완전히 넋이 나갔을 때
내가 보였던 모습과 닮은 데가 있다.
수면부족으로 돌아버린 여자의 이야기라고 해도 과언이 아니다.

아멜리아가 사무엘에게 '네 머리통이 박살나 으스러질 때까지 후려치고 싶을 때가 얼마나 많았는지 알아?' 하며 악을 쓰는 무서운 장면에서 나는 카타르시스를 느꼈다. 공포스러운 상황이 조잡하거나 유치하게 표현되어서 그런 게 아니다. 아멜리아의 끔찍한 언행이 수면 부족에 시달리며 아이의 계속되는 울음에 완전히 넋이 나갔을 때 내가 보였던 모습과 닮은 데가 있기 때문이다. 영화 〈바바둑〉은 수면부족으로 돌아버린 여자의 이야기라고 해도 과언이 아니다.

목숨을 내어놓을 정도로 사랑하는 자식이지만 나를 인내심의 극단까지 거칠게 몰아붙일 때 그런 아이를 향해 가슴에서 일어나는 폭력의 충동은 얼마나 충격적인지, 나도 모르게 발을 동동 구르며 아이에게 악을 쓰고 난 후 정신이 들면 심한 수치심에 사로잡혀 스스로가 인간으로 느껴지지 않는다. 그야말로 나 자신이 한없이 낯설어지는 순간이다. 찰나일지라도 아이를 헤치고 싶은 충동이 일어나는 걸 어떤 엄마가 쉽게 인정할 수 있겠는가.

미쳤다는 생각이 들면서 어디다 말도 못 하고 자기 혐오감에 빠져 지내던 날들, 그때의 내 모습이 아멜리아의 모습에 오버랩 되면서 이런 상황을 공포 장르로 풀어낸 감독의 재치에 웃음이 나오고 아멜리아가 안쓰러워 슬프기도 했다. 지금도 자기만의 바바둑과 외로운 싸움을 벌이고 있을 세상의 엄마들을 떠올려보았다.

바바둑은 자신의 그림자

바바둑은 지난 6년간 묵혀온 남편에 대한 그리움과 절망이다. 빛바랜 하얀색이 주조를 이루는 아멜리아의 집은 헐벗은 그녀의 내면을 그대로 반영한다. 무의식을 상징하는 지하실에는 미처 처분하지 못한 죽은 남편의 유품이 그리움과 함께 갇혀 있다. 그동안 남편의 이름을 언급한 적도 없다고 말하는 아멜리아는 아들이 아버지의 유품에 접근하는 것도 막아왔다. 그리움에 사로잡히면 현실을 살아갈 수 없을까봐 두려웠던 게 아닐까 싶다.

바바둑에 잠식되었던 아멜리아가 정신이 들어 아들을 지키려고 들자 바바둑은 남편의 환영으로 변신해 아들을 데리고 오라고 유혹한다. 동반자살에 대한 그녀의 동경이 형상화된 것이다. 아멜리아는 죽은 남편을 충분히 애도할 시간도 없이 고된 현실육아에 홀로 내던져졌다. 그런 그녀가 힘들 때마다 남편에게 가고 싶은 마음을 얼마나 억눌러왔을지 생각하니 눈물이 나왔다. 바바둑은 아멜리아가 외면하고 억압해온 자신의 그림자다.

처음에 동화책 주인공으로 나타난 바바둑은 자신의 존재를 인정하라고 요구했다. 나를 외면하고 무시할수록 너의 곁에서 점점 더 커질 거라는 경고에도 불구하고 그녀는 책을 불태우고 무시했다. 그래야 자신과 아이를 보호할 수 있다고 생각했지만 결과는 정반대였다. 그림자는 부정한다고 없어지는 것이 아니다. 내 안에 있는 어두운 욕망과 부정적인 감정을 있는 그대로 인정해야 한다.

영화에서 아멜리아에게 제압당한 바바둑은 사라지지 않고 지하실로 숨는다. 아멜리아는 그릇에 지렁이와 벌레를 담아 바바둑에게 먹이로 주며 함께 산다. 바바둑을 부정하며 살다가 바바둑에게 잠식당했기에 그것의 영향력이 강화되지 않도록 곁에 두고 관리하며 사는 지혜를 얻은 것이다. 이제 아멜리아는 아이를 잠깐씩 시어머니에게 맡기기도 하고, 남편의 기일이라는 이유로 피해왔던 아이의 생일에 파티를 열어준다. 나는 〈바바둑〉이 남편 없이 독박육아를 하는 여자들의 심리적 풍경을 그렸다고 생각한다. 아멜리아는 아들 사무엘의 도움으로 죽음의 유혹을 이겨냈지만 그렇지 못한 엄마들은 뉴스에 자신의 이름을 올린다. 아멜리아의 이야기는 자식을 향한 완전무결한 사랑으로만 여겨지는 모성에 대한 판타지를 깨부수며 모성의 그림자를 바라보게 만든다. '애 키우는 게 뭐가 힘드냐?'고 말하는 사람들에게 이 영화를 추천하고 싶다.

영화로 나를 만나는 시간

Q. 어린 시절 엄마가 낯설고 무섭게 느껴졌던 때가 있나요?
그때의 상황을 기억나는 대로 자세히 써보세요.

말할 수 없는 비밀

영화 〈줄리에타〉

드라마 | 스페인, 미국 | 99분 | 2016. 11. 17 개봉 | **감독** 페드로 알모도바르
주연 엠마 수아레스, 아드리아나 우가르테, 다니엘 그라오

가장 가까운 사이라고 하지만 그만큼 비밀도 많은 사이가 부모 자식 사이 아닐까? 영화 〈줄리에타〉는 집을 나가 돌아오지 않는 딸을 기다리는 엄마의 사연을 통해 부모 자식 간에 왜 비밀이 생길 수밖에 없는지 그 필연성을 발견하게 만든다. 이로써 "너도 나중에 결혼해서 애 낳고 살아보면 알게 된다"는 어른들의 말이 그저 곤란한 상황에서 아이의 입을 막기 위해 둘러대는 뻔한 소리가 아님을 아름답게 증명해낸다.

엇갈림의 시작

12년 전 돌연 가출한 딸 안티아에 대한 아픈 상처를 지닌 줄리에타는 딸을 찾아 헤매던 힘겨운 시간을 이겨내고 믿음직한 남자 친구를 만나 지금은 안정된 생활을 하고 있다. 딸에게 버림받았다는 사실 그리고 그렇게 되기까지의 삶에 대해 미처 다 정리하지 못한 그녀는 그런 자신의 과거를 애인에게 털어놓을 수 없다. 딸과의 추억이 남아있는 마드리드를 떠나 애인과 포르투갈로 이사하려는 찰나, 그녀는 우연히 마주친 딸의 옛 친구 베아로부터 안티아가 세 아이의 엄마가 되었다는 소식을 듣게 된다.

그토록 찾아 헤맸어도 전혀 알 수 없었던 딸의 행방을 알게 된 줄리에타는 딸이 자신을 찾을지도 모른다는 막연한 기대에 사로잡혀 남자 친구에게 일방적으로 이별을 통보하고 딸과 함께 살았던 옛 아파트로 돌아간다.

기약 없는 기다림이 다시 시작되고 줄리에타는 견딜 수 없는 마음에 주소도 모르는 딸에게 무작정 편지를 쓰기 시작한다. 그때는 네가 너무 어려서 말할 수 없었던 나와 네 아버지의 이야기, 너와 나의 이야기를 말이다.

"어디서부터 잘못된 걸까?"

지난 시간들 속에서 난 어떻게 할 수 있었을까, 어떻게 했어야 할까? 비극적인 결말을 예상하고 사랑을 시작하는 커플이 있을까? 은근하게 감지되는 불안의 요소를 애써 무시하며 함께 하는 미래를 무조건 낙관하고 싶은 것이 이제 막 사랑에 빠진 사람들 아닌가.

줄리에타가 안티아의 아버지인 소안과 사랑에 빠졌을 때도 그랬다. 대학에서 고전문학을 강의하던 25살 줄리에타는 자신이 속한 세상과는 전혀 다르게 거친 바다에 나가 육체노동에 전념하며 자유롭게 살아가는 어부 소안에게 대책 없이 끌린다.

마드리드행 야간열차에서 처음 만나 뜨거운 사랑을 나누고 헤어진 두 사람. 열렬한 구애 편지를 보낸 소안을 만나러 그가 사는 어촌 마을로 내려온 줄리에타는 소안의 가정부로부터 뜻밖의 사실을 전해 듣는다. 그날은 마침 5년째 코마 상태에 있던 소안의 아내가 죽어 장례식을 치른 다음날이었고, 소안은 아내의 친구인 아바라는 조각가와 잠자리를 함께 하는 관계라는 것이다.

그러나 창밖으로 보이는 아름다운 바다, 자신을 진심으로 반기는 소안의 모습, 자석처럼 서로를 달라붙게 만드는 강력한 육체적 끌림과 뱃속에 있는 안티아의 존재로 인해 줄리에타는 소안과 결혼한다. 그녀는 자신이 연구하는 고전문학에 등장하는 율리시스를 동경하는 아가씨였다. 아름다운 여신 칼립소가 약속한 영원한

줄리에타 젊은 줄리에타와 소안은 서로에게 깊이 빠져들고 곧 결혼한다.

지난 시간들 속에서 난 어떻게 할 수 있었을까, 어떻게 했어야 할까?
비극적인 결말을 예상하고 사랑을 시작하는 커플이 있을까?
은근하게 감지되는 불안의 요소를 애써 무시하며 함께 하는 미래를
무조건 낙관하고 싶은 것이 이제 막 사랑에 빠진 사람들 아닌가.

젊음과 영생도 뿌리치고 돛을 올리고 위험을 향해 간 율리시스. 그가 사랑한 거친 바다 폰토스는 미지의 모험을 위한 길이었다. 그리고 청춘의 절정에 선 줄리에타에게는 소안이 바로 그 폰토스였던 것이다.

서로에게 솔직할 수 없었던 엄마와 딸

줄리에타가 선택한 모험은 14년 후 비극적 결말을 맞이한다. 행복한 결혼생활을 하고 있다고 믿었는데 난데없는 가정부의 폭로로 줄리에타는 소안이 결혼 후에도 아바와 불륜을 저질렀다는 걸 알게 된다. 줄리에타는 이야기 좀 나누자는 소안을 뿌리치고 충격 속에 집을 나온다. 그런 아내의 태도에 실망한 소안은 그 길로 배를 타고 바다에 나갔다가 사고로 죽고 만다.

한편 누구보다 아빠와 가까웠던 딸 안티아는 아빠가 왜 폭풍이 오는데도 배를 탔는지 궁금했다. 줄리에타는 그런 딸에게 아침에는 날씨가 맑았다고 밖에 아무것도 더 말해줄 수가 없었다. 불륜을 저지른 건 남편이고 그에 대해 어떤 사과나 변명도 듣지 못했는데 소안이 그렇게 떠나자 줄리에타는 자기 때문에 소안이 죽었다고 생각하고 죄책감에 시달리며 깊은 우울증에 빠진다.

자식을 생각해서라도 마음을 다잡았으면 좋으련만 그게 어디 맘대로 되는 일인가. 상황이 이렇게 되자 어리게만 보였던 안티아가 놀라울 정도로 씩씩하고 어른스럽게 행동한다. 넋이 나간 엄마를 대신해 고향집을 정리하고 여름 캠프에서 만나 둘도 없는 단짝이 된 베아가 살고 있는 마드리드로 이사를 추진한다. 줄리에타는 안티아와 베아의 보살핌을 받으며 회복하지만 안티아는 예민한 사춘기를 엄마만 돌보면서 보내게 된 것이다.

모녀는 늘 가까이 있었지만 서로 별로 말을 하지 않았고, 줄리에타는 안티아가 떠나고 나서야 자신이 딸에 대해 아는 것이 거의 없다는 걸 깨닫는다. 안티아는 부모에게서 받지 못하는 관심과 정서적 만족을 친구인 베아에게서 찾았고, 지나치게 의존해 결국 베아를 멀어지게 했다. 안티아가 집을 나간 시점은 베아가 미국 유학을 떠난 직후다. 사춘기 아이가 아빠도 없이 우울증에 걸린 엄마를 보살피며 유일하게 의지하던 친구마저 떠났으니 기댈 곳이 없어진 안티아가 종교단체를 찾아간 건 지극히 당연한 선택으로 보인다. 게다가 안티아는 아빠가 죽던 날의 전후 사정을 가정부로부터 들어서 다 알면서 줄리에타에게 숨기고 있었다. 아빠의 죽음에 대해 엄마를 원망하면서도 아픈 엄마에게 아무것도 묻지 못하고, 자신의 괴로움을 감춘 것이다. 시간이 지나면서 안티아는 아빠

줄리에타 안티아는 여행을 다녀오겠다고 했지만 다시는 돌아오지 않을 생각으로 엄마인 줄리에타를 떠난다.

아이들은 부모가 어떤 어려움도 잘 헤쳐 나가는
완벽하고 능력 있는 어른이길 기대하지만
매 순간이 처음인 인생에서 예기치 못한 일에
서툴 수밖에 없는 부모는 자식을 실망시킬 수밖에 없다.

의 죽음에 자신도 책임이 있다고 생각하게 된다. 아빠가 죽는 줄도 모르고 캠프에서 놀고 있었다는 사실에 죄책감을 느끼게 된 것이다. 줄리에타는 이 모든 사실을 안티아가 떠나고 한참 지나서야 알게 된다. 안타까운 이 모녀의 엇갈림은 부모와 자식이 어디까지 서로에게 솔직할 수 있는지, 그런 게 가능하긴 한 건지 질문하게 한다.

부모자식 간의 완전한 결속은 판타지일 뿐

줄리에타는 자신을 짓눌러온 죄책감이 딸에게 전염되었다는 생각에 내내 괴로웠다. 하지만 딸에게 편지를 쓰는 과정에서 돌이킬 수 없는 지난 시간 속에서 어두운 모습일 수밖에 없었던 자신을 받아들이게 된다. 자기 인생에 대해 딸의 이해를 구하기 위해 쓴 편지인데 그걸 통해 자신과 화해한다.

모녀간에 텔레파시가 통한 걸까? 줄리에타의 편지가 마무리될 즈음 그토록 기다리던 안티아에게서 편지가 온다. 그녀는 자신의 큰 아들이 강에 빠져 죽었다는 소식을 전하며 이제야 자신이 떠났을 때 엄마가 얼마나 괴로웠을지 깨달았다고 한다. 줄리에타는 슬픔과 기쁨 속에 딸을 만나러 간다.

줄리에타와 안티아의 이야기는 부모와 자식이 서로에게 기대하는 변하지 않는 완전한 결속감이 판타지임을 일깨워준다. 아이들은 부모가 어떤 어려움도 잘 헤쳐나가는 완벽하고 능력 있는 어른이길 기대하지만 매 순간이 처음인 인생에서 예기치 못한 일에 서툴 수밖에 없는 부모는 자식을 실망시킬 수밖에 없다. 자식은 부모가 되어 스스로 인간으로서의 불완전함을 깨닫게 될 때 비로소 자신을 아프게 했던 부모를 용서할 수 있는 마음의 여지를 얻는다.

어린 자신의 눈에 엄청 크게 보였던 엄마와 아빠가 실은 자기처럼 인생이란 미로를 헤매고 있었을 뿐이라는 걸. 부모를 부모가 아닌 한 사람의 인간으로 볼 수 있기까지 얼마나 오래 우리가 그들로부터 받은 상처 때문에 아파하며 오해 속에 살아야 하는지를 생각하면 그 자체가 인간의 조건이구나 싶어 가슴 안쪽이 욱신거린다.

영화로 나를 만나는 시간

Q. 내가 사춘기 였을 때 엄마는 몇 살이었나요?
그 당시 엄마의 하루일과는 어땠나요? 어떤 고민을 하고 있었을까요?

줄리에타 견딜 수 없는 마음에 딸에게 편지를 쓰는 줄리에타.

딸에게 편지를 쓰는 과정에서
돌이킬 수 없는 지난 시간 속에서
어두운 모습일 수밖에 없었던
자신을 받아들이게 된다.

삶이 이렇게 될 줄 알았더라면

영화 〈컨택트〉

SF, 스릴러 | 미국 | 116분 | 2017. 02. 02 개봉 | **감독** 드니 빌뇌브
주연 에이미 아담스, 제레미 레너, 포레스트 휘태커

비선형적 시간 순서 때문에 결말에 대한 다양한 해석을 불러일으키는 영화 〈컨택트〉는 바로 그 시간성 때문에 내 삶을 이전까지와는 다른 관점으로 돌아보게 만들었다. 결혼, 임신, 출산, 모두 내가 선택한 것인데 그 결과로 만들어진 현재의 삶을 온전히 받아들이지 못하는 내 모습을 발견한 것이다.

〈컨택트〉는 엄마가 된다는 것은 미래를 볼 수 있어도, 또 과거로 돌아간다 해도 돌이키기 어려운 선택이라는 것을 내가 차분하게 수용하도록 이끌었다.

삶이 이렇게 될 줄 알았더라면…

언어학자인 루이스는 외계인이 보내는 신호를 해독하고 그들이 지구에 온 목적을 알아내는 임무를 수행하기 위해 외계인을 만난다. 외계인에게 먼저 영어를 가르치며 그들의 언어를 채득하는 과정에서 루이스는 미래를 볼 수 있는 능력을 얻게 되는데 그것은 꿈으로 나타난다.

그 꿈을 통해 루이스는 외계인이 지구에 온 목적이 인류에게 미래를 보는 능력, 즉 시간을 선형적으로 경험하지 않고 비선형적으로 경험할 수 있는 능력을 선물하기 위해서라는 걸 알게 된다. 그 신비한 능력으로 루이스는 외계인과의 전쟁 위기에 빠진 지구를 구해내지만 자신 앞에 놓여있는 어두운 미래까지 보게 된다.

루이스는 자신이 외계인으로부터 선물로 받은 이 능력 때문에 사랑하는 남편과 헤어지게 된다는 것도 알고, 남편과의 사이에서 태어난 딸이 꽃다운 나이에 병으로 죽게 된다는 것도 알게 된다. 그러나 그 앎은 우리가 흔히 생각하는 예언이나 계시 같은 것이 아니다. 비선형적인 시간 속에서 그녀는 이미 그 미래를 살아봤고, 그 고통을 생생하게 겪어봤다. 그것은 미래이자 과거이고 현재인 것이다.

엄청난 고통이 기다리고 있는 미래를 선명하게 느끼면서도 그것을 향한 발걸음을 되돌리지 않는 루이스의 모습은 내 마음에 깊은 파문을 일으켰다. '내 삶이 지금과 같을 줄 미리 알았더라면 나는 그래도 이 삶을 선택했을까?'라는 질문이 마음속에서 자연스럽게 떠올랐다. 루이스는 사랑하는 사람들과의 이별이 예고되어있는 그 길을 걷는다. 그 고통을 현재의 일처럼, 이미 겪은 일처럼 생생하게 느끼면서도.

이런 그녀의 선택은 내게 우리의 모든 경험에 내재된 빛과 그림자를 생각하게 만들었다. 이별은 만남을 전제로 한다. 이별의 고통을 피하려면 만남부터 시작하지 말아야 하는데 기쁨은 그 만남 속에 있다. 아픔을 피하려면 기쁨을 먼저 포기해야 하는 것이다. 온 정성을 다해 사랑으로 키운 아이가 죽는다는 것은 상상만으로도 눈물이 쏟아지는데, 그것 때문에 출산을 포기할 수 있을까?

루이스는 아이를 임신했을 때의 기쁨, 처음으로 세상에 나온 아이를 품에 안았을 때의 환희, 아이가 자라는 동안 함께 만들었던 그 모든 추억들을 아예 없던 일로 만들 수가 없다.

내가 아이를 낳아서 길러보지 않았다면 과연 루이스의 이런 선택을 이해할 수 있었을지 모르겠다. 자식을 낳아서 기른다는 것이 어떤 건지 전혀 감도 잡지 못하고, 오직 나 자신에게만 집중했던 리즈 시절의 나라면 어쩌면 루이스의 선택이 무모하다고 생각했

컨택트 언어학자인 루이스는 인내심을 가지고 외계인에게 말을 가르친다.

현실은 불만족스러운 요소로 가득하지만 결코 포기할 수 없는
기쁨 또한 그 안에 있다. 지금 고통스런 나의 삶이
내 선택에 따른 결과라는 걸 알지만 다시 돌아간다 해도
내가 그 선택을 바꾸지 않을 거라는 사실에서 운명의 힘을 느낀다.

을지도 모르겠다. 아이를 키우기 위해 커리어를 내려놓게 되면서 그 커리어를 쌓기 위해 노력했던 내 삶의 모든 순간들이 다 부정당하는 것 같아 견딜 수 없이 괴로웠던 때가 있었다. 모든 걸 뒤로 하고 아이만 붙들고 있는 나 자신을 받아들일 수 없어서 고통스러웠던 시간들이다.

그런데 루이스를 보면서 나 역시도 과거로 다시 돌아간다 해도 지금 걷고 있는 이 길을 선택할 수밖에 없다는 걸 깨닫고 전율했다. 현실은 불만족스러운 요소로 가득하지만 결코 포기할 수 없는 기쁨 또한 그 안에 있다. 지금 고통스런 나의 삶이 내 선택에 따른 결과라는 걸 알지만 다시 돌아간다 해도 내가 그 선택을 바꾸지 않을 거라는 사실에서 운명의 힘을 느낀다. 이런 깨달음은 어쩐지 나의 마음을 아프게 한다.

모성을 바탕으로 한
여성성의 힘

사실 이 영화의 주된 이야기는 루이스가 외계인을 만나 소통하는 과정을 보여주는 데 있다. 이 영화는 눈앞에 있는 대상의 정체를 알 수 없다는 사실이 야기하는 공포가 얼마나 대단한지 생생하게 묘사한다. 외계인이 아무런 공격성을 보이지 않음에도 그저 나타났다는 사실 자체만으로 평상심을 잃고 폭력적인 양상을 보이는 인류의 모습은 연민을 일으킬 정도다. 모두가 성급하게 외계인의 신호에서 공격적인 의도를 파악하려고 애쓰는 가운데 루이스는 어린 자식에게 말을 가르치는 엄마처럼 인내심을 가지고 외계인을 만난다.

그녀는 선입견 없이 열린 태도로 외계인의 말을 오해 없이 제대로 알아듣고자 최선을 다한다. 그녀가 외계인과 만나는 모습은 '진정한 소통'이 무엇인지 보여준다. 또한 루이스라는 주인공이 사적인 삶과 공적인 업무의 영역 모두에서 어려운 결단을 내리고, 그것을 용기 있게 감당하는 모습을 통해 모성을 바탕으로 한 여성성의 위대한 힘을 은밀하게 드러낸다.

단순한 블록버스터 SF 오락 영화일 거라 생각하며 보았는데 뜻밖에 외계인이라는 거울을 통해 나를 비춰볼 수 있었다. 루이스처럼 두려움과 아픔 속에서도 의연하게 주어진 순간을 살아내고 싶다.

영화로 나를 만나는 시간

Q. 엄마가 되지 않았다면 지금 내 삶은 어떤 모양일까요?
마음껏 상상해봅시다.

엄마의 여러 얼굴

다큐멘터리 영화 〈우리가 들려줄 이야기〉

다큐멘터리 I 캐나다 I 108분 I 2014. 03. 13 개봉 I **감독** 사라 폴리
주연 사라 폴리, 마이클 폴리

다큐멘터리 영화인 〈우리가 들려줄 이야기〉는 감독이자 영화배우인 사라 폴리의 사적인 여정을 담고 있다. 그녀는 30여 년 전에 암으로 세상을 떠난 엄마 다이앤에 대해 이야기하기 위해 가족들과 엄마의 친구들을 카메라 앞으로 불러 모으고 인터뷰를 시작한다. 몇몇은 다소 회의적인 태도를 보이기도 하지만 모두 솔직하고 진지하게 인터뷰에 응한다. 그런데 엄마에 대해 알아가는 과정중 자신을 키워준 아버지가 친아버지가 아니라는 출생의 비밀이 밝혀진다. 사라의 엄마 다이앤은 무거운 비밀을 간직한 채 떠난 것이다. 대체 엄마에게 무슨 일이 있었던 걸까?

기대와는 다른 방향으로 흘러가는 결혼생활

다이앤은 20대 초반의 이른 나이에 촉망받는 건실한 사업가와 결혼을 하고 딸과 아들을 낳았지만 그 결혼생활은 행복하지 않았다. 남편은 부모님들이 좋아할만한 사윗감이었지만 다이앤을 강하게 구속했고, 그녀는 몹시 힘들어했다. 배우였던 그녀는 우연히 연극 한 편을 보러 갔다가 무대 위에서 연기하던 사라의 아빠 마이클을 만나 사랑에 빠지고 만다.

마이클에 따르면 그가 맡았던 역할은 카리스마 넘치는 캐릭터였는데 자신의 본래 모습과는 정반대였다고 한다. 그는 다이앤이 자신이 아닌 극중 캐릭터에게 반했던 거라고 하지만 당시에 이들은 서로에게 운명적으로 이끌렸고, 공연까지 함께 하게 되면서 관계는 더욱 깊어졌다.

사회가 아직 보수적이었던 1960년대에 유부녀에다 두 아이의 엄마였던 다이앤은 마이클과의 사랑으로 사회적 지탄을 받게 되었고, 남편과 이혼하면서 캐나다에서 최초로 양육권을 뺏긴 여자로 신문에 나기까지 한다. 사랑을 선택했다고 자식을 포기한 건 아닌데 법이 자신과 아이들 사이를 갈라놓자 그녀는 큰 충격을 받았고, 이 일은 오래도록 트라우마가 되어 그녀의 가슴에 남는다.

이렇게 큰 어려움을 무릅쓰고 마이클과 결혼했지만 시간이 지나면서 결혼생활은 그녀의 기대와는 다른 방향으로 흘러갔다.

두 사람은 함께 살면서 자신들이 서로 정반대의 성격이라는 걸 알게 된다. 다이앤은 열정적이고, 활발하며 사교적인 반면 마이클은 내성적이고, 조용하며 혼자 있는 걸 선호했다. 마이클은 연기 외에도 글쓰기에 재능이 있어서 다이앤은 늘 그에게 작품을 쓰라고 독려했지만 그는 가장으로서의 책임을 다해야 한다며 보험회사에 취직했다.

마이클은 진실하고 성실했지만 다이앤이 원했던 남편의 모습이 그게 전부는 아니었다. 두 사람 사이에도 아들과 딸이 태어났고, 아이들이 자라는 동안 부부 사이는 시들해졌다. 사이가 나쁜 건 아니었지만 결혼한 지 10년이 지나자 여느 부부들처럼 권태기를 겪게 된 것이다.

때마침 몬트리올에 있는 극단에서 다이앤에게 함께 공연하자는 제안을 해왔고, 다이앤도 그리고 마이클도 그 제안을 기쁘게 받아들였다. 마이클은 혼자서 아이들을 돌보겠다고 하면서까지 다이앤이 몇 달간 집을 떠나서 일할 수 있도록 도운 것이다. 서로 떨어져있는 동안 두 사람은 편지를 주고받았고, 마이클에 따르면 그가 다이앤을 만나기 위해 몬트리올로 찾아갔을 즈음엔 신혼의 열정이 되살아난 것 같았단다.

우리가 들려줄 이야기 사라는 비밀스런 가족의 이야기를 차분하고 담대하게 카메라에 담아낸다.

엄마에 대해 알아가는 과정중 자신의 출생의 비밀을 알게 된다.

여태까지 자신을 키워준 아버지가

친아버지가 아니라는 사실이 밝혀진다.

사라의 엄마 다이앤은 무거운 비밀을 간직한 채 떠난 것이다.

다이앤은 무사히 공연을 마치고 집으로 돌아왔고, 임신을 한 사실을 알게 되고, 몇 달 뒤 사라를 출산했다. 그 뒤로 그녀는 캐스팅 관련 업무를 하면서 아이들을 키우다가 암에 걸려 투병 끝에 죽음을 맞이했다. 장성한 네 아이들은 독립해서 집을 떠났고, 아빠 마이클과 10살짜리 딸 사라는 단둘이 남아서 서로에게 버팀목이 되어주며 살았다. 사라가 독립할 때까지 부녀는 둘만의 특별한 시간을 만들어갔다. 여기까지가 다이앤이 죽고 약 30년이 지나도록 사라와 가족들이 알고 믿어왔던 다이앤과 자신들의 삶의 이야기다.

그런데 다이앤이 떠난 후 언젠가부터 마이클과 자녀들이 모이는 식탁에서 사라의 외모가 아빠인 마이클을 닮지 않았다는 이야기가 농담처럼 오가게 된다. 그 농담은 사라의 빨간 머리가 다이앤이 몬트리올에서 공연할 때 함께 연기했던 남자 배우들 중 한 명을 닮은 것이라고까지 발전했는데, 오랫동안 그저 장난으로 여기고 함께 웃던 사라가 어느 날부터 그 농담이 진실인지 아닌지 캐기 시작한다. 사라는 엄마의 동료였다는 그 빨간 머리 남자배우를 찾아가서 혹시 그가 자신의 친아버지인지 묻지만 그는 단호하게 아니라고 한다.

그러나 사라는 거기서 멈추지 않고 몬트리올에 머물던 당시 엄마의 사생활에 대해 조사를 이어간다. 마침내 그녀는 그 무렵 엄마와 가깝게 지냈다는 영화 제작자 해리를 만나기 위해 몬트리올로 날아간다. 그녀는 해리에게 빨간 머리 배우가 엄마의 애인이었는지를 묻는데 뜻밖에도 그는 자신이 엄마의 애인이며 사라의 친부라고 밝힌다.

다시 쓰는 다이앤의 인생

불륜과 치정에 관한 이야기는 그것이 남의 이야기일 때만 재미있다. 드라마나 영화 속의 이야기일 때, 이웃의 이야기일 때는 흥미롭게 바라보며 욕을 하거나 이해할 수도 있겠지만 나와 내 가족의 이야기일 때는 이만큼 고통스러운 일도 드물다.

사라는 다이앤이 죽어서 무덤까지 가지고 간 판도라의 상자를 열어버렸고, 자신이 엄마의 불륜의 결과로 태어났다는 걸 알게 되었다. 사라 본인은 엄마와 10살 때 헤어졌기 때문에 엄마에 대한 기억도 희미할 터. 이제 엄마의 삶을 제대로 알고 이해하는 것이 그녀 자신의 존재를 정당화하는 데 필연적인 과제가 된다. 그래서 그녀는 가족들과 엄마 친구들의 기억을 꺼내어 이를 바탕으로 다큐멘터리 영화를 만들며 엄마의 삶을 복원해낸 게 아닐까?

인터뷰를 통해 그녀는 자신이 태어나기 전의 엄마의 삶에 대해 배운다. 다이앤에 대한 그들의 기억은 서로 조금씩 다르고, 때로 모순되거나 상충하지만 한 가지 공통된 점은 사라의 엄마였던 다이앤이란 여자가 열정적인 사람이었다는 것이다. 그녀는 늘 밝고 즐거운 기운을 풍겨서 옆에 있는 사람들까지 행복하게 만들었다고 한다.

다이앤은 가슴 뛰는 삶을 추구했고 사랑받길 원했다. 해리는 그런 다이앤을 깊이 사랑했으며, 그녀가 사라를 임신했음을 알고 아이를 자기들의 사랑의 징표로 여겼다. 그는 다이앤에게 아이들을 다 데리고 몬트리올로 건너와서 자신과 함께 살자고 제안했지만 그녀는 그러지 않았다. 그리고 이 사실에 대해 마이클은 다이앤에게 감사한다. 놀랍게도 그는 뒤늦게 알게 된 아내의 배신과 속임에 대해 분노하지 않고 이해한다.

자신이 아내가 원했던 그런 사랑을 주지 못했고 외롭게 했다는 사실을 인정한 그는 만일 다이앤이 그때 아이들을 데리고 해리에게로 갔다면 혼자 남은 자신은 무너졌을 거라고 말한다. 또 사라가 없었으면 다이앤이 죽고 나서 자기 삶이 어땠을지 상상할 수도 없다고 한다.

사라의 생부가 해리가 아닌 자신이었다면 사라는 지금의 사라가 아닌 다른 사람이었을 거라며 자기가 사랑하는 사라는 바로 지금 이 사라라고 한다. 아이러니하게도 다이앤이 남긴 치명적인 비밀은 남겨진 가족들이 그녀를 향한 자신들의 사랑과 서로에 대한 사랑을 재확인하는 계기를 마련해주었다.

마이클은 30년 만에 느닷없이 날아든 충격적인 진실에서 영감을 얻어 평생을 뒤로 미루기만 했던 글쓰기를 시작했다. 다이앤이 그토록 원했으나 그가 하지 않았던 글쓰기 말이다.

그는 자신이 겪은 이 일을 단편소설로 만들었으며, 사라는 이렇게 다큐멘터리 영화로 만들었다. 아픈 비밀은 예술창작의 원천이 되어 상처 입은 가족들을 보상했다. 고통이 있기에 이야기는 더욱 달콤해졌다.

또한 다이앤에 대해 '말하기'는 그녀가 남긴 상처를 회복하고, 오해를 풀어 가족을 다시 하나로 묶는 역할을 한다. 그들은 스스로 안다고 믿었으나 표현하기 전까지는 정확히 몰랐던 것들을 구술하며 자신이 엄마 다이앤을, 아내 다이앤을, 연인 다이앤을, 친구 다이앤을, 배우 다이앤을, 인간 다이앤을 얼마나, 어떻게 이해하고 있으며, 그녀로부터 어떤 사랑과 상처를 받았는지 깨닫는다.

한 번도 입 밖으로 내보지 않았을 솔직한 심정들이 말해질 때 관객인 나 또한 카타르시스를 느꼈다. 내 가족의 이야기도 아닌데 부모를 향한 나의 응어리마저 풀어지는 느낌이 들었다. 그렇게 그들은 엄청난 충격으로 소용돌이치는 감정의 파고 속에서도 중심을 잡아가며 함께 다이앤의 이야기를 다시 썼다.

우리가 들려줄 이야기

가슴 뛰는 삶을 추구하며 언제나 사랑하고 사랑받길 원했던 다이앤.

엄마의 삶을 제대로 알고 이해하는 것이
그녀 자신의 존재를 정당화하는 데 필연적인 과제가 된다.
그래서 그녀는 가족들과 엄마 친구들의 기억을 바탕으로
다큐멘터리 영화를 만들며 엄마의 삶을 복원해낸 게 아닐까?

배신과 속임이라는 아프도록 쓴 요소가 있지만 그들은 그녀를 엄마이자 아내이기 이전에 자신의 삶과 주어진 운명에 최선을 다했던 가슴 뜨거운 한 인간의 모습으로 기억한다. 가족들과 친구들이 다이앤을 무척 사랑했다는 사실만이 오롯이 남는다.

가족을 한 사람의 개인으로서 이해하기

이 영화는 우리가 가족을 한 사람의 개인으로서 어떻게 이해할 수 있는지 많은 생각을 하게 한다. 엄마의 삶을 추적하는 사라 폴리의 개인적인 여정을 따라가며 난 사람을 사랑한다는 것이 어떤 것인가를 계속 생각했다. 평범하지 않은 엄마를 둔 늙은 자식들의 진솔한 이야기를 들으며 슬픈 장면도 아닌데 눈물이 흘렀다. 이야기 속에서 이제는 자신보다 어린 20대, 30대였던 엄마가 겪었을 인생의 좌절과 사랑의 슬픔을 이해하고 보듬는 모습이 무척 인상적이었다.

그들의 이야기를 들으며 다이앤이 아빠가 다른 다섯 아이를 낳아 기르면서도 결코 포기할 수 없었던 가슴 속의 열정을 가만히 상상해보았다. 여자로서, 인간으로서의 자신의 꿈과 욕망이 엄마로서의 의무와 책임과 부딪치는 상황 속에서 자기도, 자식도 무엇 하나 포기할 수 없었던 한 여자의 몸부림이 느껴졌다.

그러자 친정엄마가 떠올랐다. 젊었을 때 엄마 당신이 자기 삶에 가졌던 기대는 어떤 것이었을까? 난생 처음 마주하는 이 질문 앞에서 나의 가슴은 파르르 떨렸다. 엄마 자신도 자기의 삶이 이런 방향으로 흐르게 될 줄은 전혀 몰랐을 테지.

30여 년 전의 어느 날 엄마가 우리 세 남매를 놔두고 집을 나갔던 기억이 났다. 엄마가 영영 안 오는 건가 싶어서 참 무서웠던 기억만 가지고 살았는데 이제야 나이 마흔도 되지 않은 아직 젊은 엄마가 집을 떠나 느꼈을 막막함과 슬픔이 그려져서 가슴이 아팠다. 그때 엄마가 돌아와서 참 다행이지만, 엄마는 우리랑 같이 살기 위해 자기 안의 무언가를 밖에다 버리고 왔음이 틀림없을 거다. 이제 나의 삶에서 엄마의 이야기를 새롭게 다시 써야 할 시간임을 느낀다.

출생의 비밀이라고 하면 자동적으로 신파를 연상하게 되는데 이 작품은 전혀 그렇지 않다. 다큐멘터리 연출 자체도 몹시 훌륭한데 인터뷰에만 의존하지 않고 상황을 재연한 풍부한 영상을 제공한다. 그런데 단순 재연이 아니라 몽타주처럼 표현해 다의적일 수 있도록 세련되게 구성했다.

감독 사라 폴리는 굉장히 훌륭한 청자이기도 했는데 카메라 곁에서 가족 모두와 엄마 지인들의 이야기를 그저 귀 기울여 듣는다. 가족의 속내를 직면하는 것이 결코 쉬운 일이 아닌데 그 초연함에서 예술가로서의 냉정함을 느꼈다.

자신의 이야기라고 부끄러운 부분을 어물쩍 넘어가거나 봐주지 않는 결연함이 작품의 완성도를 높였다. 그래서 이 이야기는 사라 폴리 가족의 단순한 사적 기록에 머물지 않고 보는 이들 모두의 이야기가 되었다.

영화로 나를 만나는 시간

Q. 엄마의 젊었을 때 꿈이 무엇이었는지 아시나요?

자유로운 영혼

영화 〈코파카바나〉

드라마 | 프랑스, 벨기에 | 107분 | 2011. 05. 26 개봉 | **감독** 마크 피투시
주연 이자벨 위페르, 롤리타 샤마

엄마와 딸의 갈등을 다루는 이야기에서 보통은 엄마가 보수적이고, 자유롭고 싶은 딸이 그런 엄마로부터 벗어나고자 애쓰는 내용이 많은데, 영화 〈코파카바나〉는 그와 반대로 자유로운 엄마와 보수적인 딸의 관계를 그리고 있다는 점에서 신선하고 흥미롭다. 자식들은 부모가 자신들의 개성은 존중해주길 바라면서 정작 자기들은 부모의 개성을 받아들이기 힘들어한다는 걸 잘 모른다. 이 영화는 개성 강한 엄마 바부를 통해 바람직한 엄마의 모습이란 무엇인지 다시 생각하게 만든다.

보통의 평범한 엄마들처럼 살지 못하는 바부

여기 문제적이지만 사랑스런 엄마가 있다. 주인공 바부는 혼자서 딸을 키워온 싱글맘으로 변변한 직장도 없는데다 옷차림이나 화장도 요란하고, 어디서건 브라질 음악이 나오면 즐겁게 춤을 추는, 말 그대로 '자유로운 영혼'이다. 그녀는 본인도 가난하면서 자기보다 더 가난한 사람을 도울 줄 알고, 사소한 장난에도 아이처럼 웃는 순수함을 지니고 있으며, 다정다감한데다 편견 없는 태도로 사람들을 대하기 때문에 성별, 지위, 세대, 인종, 국적을 막론하고 누구하고든 친구가 되는 따뜻한 사람이다.

그러나 바부의 딸 에스메랄다는 이런 엄마가 싫다. 어째서 보통의 평범한 엄마들처럼 살지 못하는지 바부를 못마땅해 한다. 대학생인 에스메랄다는 엄마를 차갑게 대하며 외면한다. 바부는 이런 딸이 야속하다. 사춘기도 아니고 대체 왜 그러는지 이해할 수가 없다.

한시도 떨어지지 않고 어디든 붙어 다니던 모녀였다. 오히려 에스메랄다가 사춘기 고등학생일 때는 엄마를 좋아했다. 고등학생인 자신과 친구들을 나이트클럽에 데려가준 일로 "엄마가 최고!"라고 말했던 기억이 아직도 생생하다. 어떻게든 딸과의 관계를 회

코파카바나 ⋮ 바부는 부랑아들과 어울린다며 자신을 비난하는 딸에게 강하게 항변한다.

자식들은 부모가 자신들의 개성은 존중해주길 바라면서
정작 자기들은 부모의 개성을
받아들이기 힘들어한다는 걸 잘 모른다.
바람직한 엄마의 모습이란 무엇일까?

복하고 싶어 전전긍긍하던 바부에게 에스메랄다는 할 이야기가 있다며 같이 저녁식사를 하자고 한다. 딸의 제안에 들뜬 바부는 오랜만에 갖는 둘만의 시간을 특별하게 만들고 싶어 인도 요리를 준비하며 인도 전통 의상인 사리를 챙겨 입고, 이마에 반디까지 붙이면서 이벤트를 준비한다.

그러나 딸은 이미 이런 식의 이벤트가 즐겁지 않은지 오래다. 이 자리에서 에스메랄다는 남자 친구 쥐스탱과 결혼할 거라며 엄마는 결혼식에 오지 않았으면 좋겠다고 통보한다. 엄마인 바부와는 한마디 상의도 없이 남자 친구랑 예비 시부모와 결혼식 날짜와 식장까지 다 정해버리고, 예비 시부모에게는 멀쩡히 같이 살고 있는 엄마를 브라질에 있어서 결혼식에 참석할 수 없다고 거짓말을 했단다. 왜 그러는지 이유를 묻는 바부에게 에스메랄다는 그동안 엄마와 살았던 시간을 모두 부정하는 말을 한다.

자유로운 엄마 때문에 어려서부터 이사를 자주 다닌 것도 힘들었고, 학교도 한군데서 진득하게 다니질 못했다며 자신도 남들처럼 정상적으로 살고 싶다고 한다. 무엇보다 엄마가 창피하단다. 가끔씩 완전히 정신이 나간 사람처럼 구는 엄마를 믿을 수가 없다는 것이다.

바부가 아무리 자유로운 영혼의 소유자라지만 딸을 사랑하는 마음은 여느 엄마와 다를 바 없는데 애지중지 키운 하나 밖에 없는 딸로부터 이런 이야기를 들었으니 얼마나 상처를 받았겠나. 눈물 젖은 그녀의 주름진 얼굴이 얼마나 사람을 슬프게 했는지 모른다.

딸에게 도움이 되는 엄마가 되겠다는 일념

바부는 이런 딸을 두고 '쿨하고 멋진 엄마라고 추켜세울 때는 언제고 이제는 완전 미친년 취급'이라며 투덜대지만 사실 딸의 이야기가 완전히 틀린 말은 아니라는 걸 알고 있다. 어디에 취직을 하던 두 달 이상을 버틴 적이 없다니 더 무슨 말을 하겠나.

따뜻하고 다정한 그녀지만 수틀리면 판을 뒤집어 엎어버리는 강한 성격을 갖고 있다. 어디에도, 무엇에도 구속받기 싫어서 뜻대로 자유롭게 살아온 인생이다. 순간에 충실하며 내면의 충동과 욕망에 솔직하게 살아왔고 따라서 그런 자기 삶에 누구의 간섭이나 평가도 허용하지 않았음이 분명하다. 그런 바부에게 딸이 던진 돌직구는 그동안 외면해온 자기 삶의 이면을 직시하게 만들었다.

그녀는 달라지기로 결심한다. 돈을 벌어 딸의 결혼비용에 보태기 위해, 또 성실하게 일하는 모습을 보여주어 딸에게 인정받는 엄마가 되고자 벨기에에 있는 콘도 회원권을 판매하는 일자리를 얻어 국경을 넘는다.

바부는 자기를 못 미더워하는 사람들에게 보란 듯이 새로운 일에 잘 적응해나간다. 그녀에게 주어진 업무는 길에 나가서 콘도를 홍보하고, 회원권 매입에 관심 있는 예비 고객을 콘도까지 데리고 오는 일인데, 타지에서 이런 식의 모객 활동이 쉬울 리가 있겠나. 그러나 바부는 특유의 친화력으로 현지인 친구들을 사귀게 되고, 그들의 도움으로 영국인 관광객들이 입국하는 항구를 소개받아 그리로 가서 많은 고객을 유치한다. 딸에게 도움이 되는 엄마가 되겠다는 일념으로 추운 날씨에도 거리에 서서 관광객들에게 열심히 전단지를 돌리는 바부의 모습이 눈물겹다.

어느 날 바부는 콘도 앞에서 노숙을 하는 젊은 히피 커플이 저녁 끼니로 때울 음식이 담긴 주머니가 없어진 일로 다투는 소리를 듣는다. 바부는 그들에게 자신이 만든 음식을 가져다주고 그들과 친구가 된다. 또 바부는 간섭이 심한 남자친구 때문에 고민하는 직장 상사에게 적절한 조언을 해주어 그녀와도 친구처럼 지내게 된다.

그러나 이렇듯 모두와 쉽게 친구가 되는 바부에게도 다가가기 힘든 사람들이 있으니 바로 동료들이다. 바부가 높은 실적을 쌓으며 상사들에게 인정받고 승진하게 되자 그들은 노골적으로 그녀

코파카바나 바부는 딸을 위해 동료들의 시기와 질투에도 꿋꿋하게 일자리를 지킨다.

아직 어린 딸은 그저 엄마도 자신처럼

상처 받을 수 있는 '사람'이라는 생각을 하지 못할 뿐이다.

세상의 많은 자식들이 그러하듯 엄마는 그냥 엄마니까,

그런 엄마에게는 무슨 말이든 다 해도 된다고 착각한 것이다.

를 따돌리기 시작한다. 없는 말까지 지어내며 뒤에서 바부를 욕하고, 소외시키는데 바부는 너그럽게 참고 견딘다. 그녀는 이제 정말 달라진 듯 보인다.

이런 엄마의 노력을 이해한 듯 에스메랄다가 찾아온다. 바부는 기쁜 마음으로 오랜만에 만나는 딸을 위해 가불까지 받아서 고급 식당을 예약하지만 그 자리에 히피 커플을 초대한 일로 딸과 크게 다투게 된다. 모처럼 엄마와 오붓한 시간을 보내고 싶었던 에스메랄다에게 히피 커플은 예상치 못한 불청객이다. 엄마가 자신보다 그들에게 더 집중하며 시답잖은 이야기를 주고받고 깔깔거리는 모습을 참다못한 에스메랄다는 자리를 박차고 나가버린다.

사실 이 날은 히피 커플이 영국으로 떠나기로 되어있던 날이었다. 바부는 외롭게 타향살이중인 자신과 친구가 되어준 그들을 따뜻한 밥 한 끼 먹여서 보내고 싶었고, 무엇보다 딸과 단둘이 있는 상황이 두려웠다. 둘만 있으면 결혼식에 대한 이야기를 하게 될게 뻔한데 그러다가 예전처럼 다투게 될까봐 걱정되었던 것이다.

에스메랄다는 바부가 사회에 부적응하는 거리의 부랑아들과 어울린다며 비난한다. 바부는 에스메랄다가 엄마인 자신을 인생의 실패자로 여기는 것 같아 마음이 아프다. 그래서 딸에게 편견을 가지고 사람을 본다고 지적하며 결혼 후에는 고루한 중산층 주부의 삶을 살게 될 거라고 맞선다. 상처받은 에스메랄다는 다시는 엄마를 보지 않을 것처럼 그 길로 집으로 돌아가 버린다. 모녀의 마음이 이렇게 엇갈리는 모습이 너무나 안타까웠다.

에스메랄다가 비록 모진 말로 엄마를 아프게 했지만 그렇다고 엄마를 사랑하지 않는 건 아니다. 아직 어린 딸은 그저 엄마도 자신처럼 상처받을 수 있는 '사람'이라는 생각을 하지 못할 뿐이다. 세상의 많은 자식들이 그러하듯 엄마는 그냥 엄마니까, 그런 엄마에게는 무슨 말이든 다 해도 된다고 착각한 것이다.

부끄럽다고 결혼식에도 못 오게 했지만 막상 엄마 없이 결혼식을 준비하는 과정이 쉽지만은 않았을 테고, 그렇게 본인은 마음을 의지하고 싶어서 엄마를 찾았을 것이다. 엄마가 자기가 했던 말 때문에 상처를 입고 방어적인 태도를 보일 거라고는 미처 생각하지 못한 채 말이다. 이 모녀의 관계에서 주목할 만한 점은 에스메랄다가 한참 엄마에게 반항해야 할 시기인 사춘기를 엄마와 사이좋게 지냈다는데 있다.

사실 아이들은 사춘기 동안 부모에게 반항하면서 독립을 위한 기틀을 다지는 건데 에스메랄다가 그 기간 동안 엄마로부터 독립을 위한 심리적 토대를 마련하지 않고, 오히려 엄마와 친하게 지냈다는 것은 발달과정에서 이루었어야 할 과업을 미루었다는 뜻으로 이해된다. 그렇다고 에스메랄다가 언제까지나 어릴 때처럼 엄마와 붙어있을 수 없음은 자명하다.

자유로운 바부를 향한 에스메랄다의 공격은 표면적으론 현실적인 지적처럼 보이지만 실은 엄마로부터 떨어지기 위해 반드시 거쳐야 할 통과의례다. 부모의 가치관이나 세계를 부정함으로써 독립을 성취해야 하는 자녀에게는 엄마가 보수적이면 보수적이라서, 개방적이면 개방적이어서 싫은 게 당연한 일이다.

꿈꿔오던 삶을 향한 새로운 출발

바부는 오직 에스메랄다만 생각하며 모든 걸 참고 견뎠는데 아이가 그런 식으로 돌아가 버리자 허탈감에 빠진다. 자식 키워봤자 다 소용없다며 바부는 브라질로 가는 꿈을 꾼다. 브라질은 바부가 오랫동안 동경해오던 곳이다. 에스메랄다는 그런 엄마의 마음을 알고 있었기 때문에 엄마가 브라질에 있어서 결혼식에 올 수 없다는 핑계를 댄 게 아닐까?

딸과의 이런 냉담한 상태를 더는 견딜 수 없어진 바부는 밤새 운전을 해서 국경을 넘어 딸을 찾아간다. 그러나 딸은 약혼자와 싸우고 집을 나간 상태였다. 예비 사위는 에스메랄다가 바부를 만나고 온 후부터 달라졌다고 말한다. "너무 일찍 결혼하는 것 같다,

자기를 구속하려고 든다, 결혼준비 과정이 일방적이다"라며 모든 것을 불만스러워했단다.

바부는 딸의 변심을 대번에 이해한다. 엄마한테는 안정된 삶을 원한다며 결혼하겠다고 했지만 막상 엄마로부터 고루한 중산층 주부로 살게 될 거란 이야기를 듣자 불안해진 것이다. 바부는 예비 사위를 도와 두 사람이 다시 화해하도록 만들고, 자신도 딸과 화해하고 콘도로 돌아온다. 이대로 모든 것이 순조롭게 흘러가면 얼마나 좋을까!

바부는 영국으로 떠났던 히피 커플이 다시 돌아온 것을 발견한다. 데리고 다니던 개 때문에 배에 승선할 수 없었단다. 날은 더 추워졌는데 커플의 안전이 걱정된 바부는 회사 관계자들을 속이고 이들을 콘도에서 재우다가 들키고 만다. 그동안 바부가 올린 실적을 생각해서 한 번쯤 봐줄 법도 하건만 회사는 바부를 즉시 해고한다. 갑작스럽게 콘도에서 쫓겨난 바부는 망연자실하며 손에 쥐어진 얼마 안 되는 급여를 들고 카지노로 향한다. 기껏해야 몇 달 간의 생활비나 될까 말까 한 돈으로 어떻게 딸의 결혼비용에 보태고, 브라질에 갈 여비로 쓰겠는가.

그녀는 가진 돈 전부를 칩으로 바꾸어서 룰렛 테이블 앞에 선다. 바부다운 선택이다. 그녀가 숫자 14를 고르고 거기에 모든 칩을 걸자 룰렛이 빠른 속도로 돌기 시작하더니 이내 멈춘다. 주사위는

14에서 멈추었고, 그녀는 자신이 건 판돈의 35배를 딴다. 기적이 일어난 것이다.

바부는 카지노에서 만난 브라질 공연단을 이끌고 그들과 함께 춤을 추며 딸의 결혼식장에 입장한다. 자유롭고 당당한 그녀의 몸짓에서 빛이 나는 것 같다. 화려한 깃털로 치장한 댄서들의 공연으로 결혼식은 한층 흥겨워지고, 하객들도 신랑과 신부도 모두 행복하게 웃는다.

이윽고 웨딩드레스를 입은 어여쁜 에스메랄다가 무대에 올라 엄마와 함께 즐겁게 춤을 춘다. 옛날에는 모녀가 늘 저렇게 함께 어울렸겠구나 싶은 생각이 들어서 마음이 뭉클해졌다. 마침내 결혼식이 끝나고 바부는 브라질 공연단과 함께 순회공연용 버스에 오른다. 자신이 꿈꿔오던 삶을 향해 출발하는 것이다. 에스메랄다는 남편과 신혼생활을 시작할 것이다. 하나의 세상이 닫히고 새로운 세상이 열리는 순간이다.

바부는 금방이라도 눈물이 쏟아질 거 같은 눈을 하고 딸에게 미소 짓는다. 아쉬움과 사랑과 축복이 교차하는 짧은 순간, 차창을 사이에 두고 모녀는 서로에게 손을 흔들며 이별한다. 이들의 이야기는 엄마에게서 독립해야 하는 딸과 그런 딸 없이 자신만의 인생을 살아야 하는 엄마, 이 두 사람이 겪는 진정한 '자립'의 과정으로 보인다. 바부는 딸이 자신에게서 멀어지려고 하자 어떻게든 관계를 예전처럼 돌려놓으려고 애를 쓴다.

그런 그녀가 콘도 회원권을 판매하면서 벨기에에서 보낸 시간은 딸 없이 혼자 사는 법을 연습하는 시간이었다 해도 과언이 아니다. 바부와 에스메랄다는 우리가 누군가의 엄마, 누군가의 딸이기 전에 한 사람의 독립된 존재라는 것, 그리고 독립된 존재로서 자신의 삶을 온전히 살아가야 할 책임이 있다는 것을 생각하게 한다.

누군가는 이런 해피엔딩, 그러니까 바부가 카지노에서 돈을 땄기 때문에 가능해진 이런 결말을 영화니까 가능한, 비현실적인 일이라고 할 수도 있지만 나는 바로 이 점이 이 영화가 예술작품으로서 갖는 최고의 미덕이라고 생각한다. 만약 이 영화가 냉정한 현실을 반영한다고 콘도에서 쫓겨난 바부의 삶을 거칠게 묘사했다면 너무나 계몽적이었을 것이다. 사회가 정해준 규범대로 살지 않으면 이렇게 자식에게도 버림받고, 인생도 망한다는 식의 겁주기 밖에 더 되겠는가?

하지만 우리들의 복잡다단한 삶은 그러한 규범과 제도, 체제 같은 것 안에 딱 떨어지게 부합할 수도 없고, 계산이 잘 들어맞지도 않을 뿐더러 정확한 인과관계에 의해 움직이지도 않는다. 바부가 얻은 행운은 보이지 않는 신의 손길이 시종 선량하고 너그러운 마음으로 살아가는 그녀에게 준 선물인 것 같다.

난 기적을 믿는다. 세상에 이런 기적이 없다면 우리가 대체 삶에 어떤 희망을 가질 수 있겠는가? 현상 너머에 존재하는 신의 간섭과 섭리로 기적이 일어나며 누구의 삶도 예측대로 흘러가지 않는 것이다. 기적은 믿지 않는 사람에게는 보이지 않는다. 삶을 통제하려 드는 우리들 대부분과 달리 자유롭게 흘러가려는 바부를 보면서 그런 그녀의 삶에 마술 같은 기적이 일어나는 게 자연스럽다는 생각을 했다. 바부를 보면서 내가 얼마나 경직되었는지 깨달을 수 있었다.

앞으로도 바부처럼 자유롭게 살지는 못하겠지만 '바부의 날'을 정해서 그 날만큼은 스스로에게 작은 일탈을 허용하면 어떨까 생각해보았다. 거실에서 음악을 틀어놓고 춤을 춘다거나, 친구들을 초대해서 한낮에 와인을 마시며 시를 읽는다든가, 작지만 삶의 소금이 되는 일탈 말이다. 바로 이런 것이 삶을 풍성하게 만드는 일상의 카니발 아니겠는가?

영화로 나를 만나는 시간

Q. 어렸을 때 이상적으로 생각했던 엄마의 모습은 어떤 건가요?
우리 엄마가 이랬으면 좋겠다고 바라던 모습을 생각해보세요.

코파카바나 모녀의 대화란 웃으면서 시작해서 싸우면서 끝나는 법. 에스메랄다와 바부도 예외는 아니다.

삶을 통제하려 드는 우리들 대부분과 달리
자유롭게 흘러가려는 바부를 보면서 그런 그녀의 삶에
마술 같은 기적이 일어나는 게 자연스럽다는 생각을 했다.
바부를 보면서 내가 얼마나 경직되었는지 깨달을 수 있었다.

딸들은 여러 가지 이유로 엄마처럼 살기는 싫고 아버지에겐 인정받고 싶다.
벗어나고 싶고, 넘어서고 싶은 부모이지만
그 부모가 딸인 자신에게 바라는 심리적·육체적 돌봄에 대한
기대는 충족시키려 애쓴다.
딸들이 부모로부터 건네진 운명에 매이지 않으려고 애쓰면서
착한 딸이어야 한다는 부담감에 시달리는 동안 마음에서는 그림자가 자라난다.

Chapter 3

딸들의 그림자

부모가 없어도

영화 〈바닷마을 다이어리〉

드라마 | 일본 | 128분 | 2015. 12. 17 개봉 | **감독** 고레에다 히로카즈
주연 아야세 하루카, 나가사와 마사미

고레에다 히로카즈 감독의 작품은 특이하게 사람을 울리는데 〈바닷마을 다이어리〉도 예외 없이 그랬다. 불쌍하고 안타까운 사연이 나와서가 아니다. 신파라면 딱 질색이다. 히로카즈 감독은 지극히 평범해 보이는 주인공들과 그들의 일상에서 영롱한 순간을 자주 포착해내는데 그럴 때마다 어김없이 눈물이 흐른다. 사는 게 아름답게 느껴지기 때문이다. '과거의 아픈 기억을 새롭게 다시 써내려 가는 지금 이 순간의 풍요로움을 담아내고 싶었다'는 감독의 바람이 영화 전체를 통해 고스란히 전달된다.

부모에 대한 원망에 사로잡히지 않은 자매들

바닷가 시골마을 카마쿠라에 사는 세 자매 사치, 요시노, 치카에게 아버지의 부음이 전해진다. 15년 전 내연녀와 집을 나간 후로 한 번도 보지 못한 아버지의 장례식장에서 자매들은 이복동생 스즈를 만난다. 15살 여중생 스즈는 벌써 어머니를 여의고, 이제 아버지까지 떠나서 고아가 되었다. 홀로 남겨진 스즈에게서 어린 시절 자신의 모습을 발견한 걸까. 세 자매는 생전 처음 본 스즈에게 함께 살자고 제안하고 스즈는 기쁘게 받아들인다.

영화는 스즈가 언니들의 집으로 이사 오고, 이들이 진정한 가족으로 깊이 결속해가는 일 년 사계절의 시간을 아름답게 담아낸다. 언뜻 평범한 자매들이 서로 아끼며 선량하게 살아가는 일상을 그린 것처럼 보이지만 조금만 깊이 들여다보면 이 영화의 어느 것도 평범하지 않다는 걸 깨달을 수 있다.

아버지가 집을 나간 후 세 자매의 엄마는 혼자 남아 자식들을 키우는 게 억울했는지 맏딸 사치가 고등학생일 때 자기도 집을 나가버렸다. 이런 사연만 들으면 부모에 대한 원망과 분노를 가슴에 품고, 영원히 치유되지 않을 상처로 말미암아 자기 파괴적인 삶을 살거나 복수심을 불태우는 주인공이 떠오른다.

그런데 세 자매는 그런 보편적인 캐릭터와는 거리가 멀다. 자신들의 가정을 파괴한 내연녀가 낳은 자식을 어떤 내적 저항도 없이 선뜻 동생으로 받아들이고 같이 살자고 한다니 어떻게 이런 것이 가능할까?

비범한 선택을 평범하게 해내며 사랑 속에 살아가는 자매들의 모습을 보면서 이들에게 무책임한 부모란 일종의 자연재해 같다는 생각이 들었다. 인간이 홍수나 지진을 어쩔 수 없는 숙명으로 받아들이는 것처럼, 그에 대해 자연을 원망하지 않는 것처럼, 자매들은 부모에 대한 원망에 사로잡히지 않았다.

그들은 못난 부모가 떠나버린 오래된 집에 남아 여름이면 마당에 있는 매실나무의 열매를 따서 술을 담그고, 때가 되면 낡아진 문의 창호지를 새것으로 갈아주며 그곳을 자기들의 단단한 삶의 터전으로 가꾸어 나갔다.

인간이 재난을 당할 때 포기하지 않고 서로 도와 폐허를 극복하는 것처럼 자매들은 부모가 남긴 상처에 매몰되지 않고 힘을 합쳐 자신들의 삶의 기반과 미래를 새롭게 일구었다. 그리고 그 자리에 같은 아픔을 겪고 있는 이복동생 스즈를 받아들인 것이다. 이들에게 스즈는 적대시할 대상이 아닌 보듬어야 할 트라우마 공동체의 일원이다.

바닷마을 다이어리 ⋮ 맏딸인 사치는 이복동생인 스즈의 아픔을 진심으로 이해하고 보듬는다.

부모에 대한 원망에 사로잡히지 않은 자매들이다.

자신들의 가정을 파괴한 내연녀가 낳은 자식을

어떤 내적 저항도 없이 선뜻 동생으로 받아들이고 같이 살자고 한다.

어떻게 이런 것이 가능할까? 어떻게?

이분법적 잣대로는 이해할 수 없는 자매들

한편 자매들의 부모는 자신들이 의도한 건 아니지만 어쨌든 값진 유산을 자식들에게 물려주었는데 바로 독립성과 삶의 자율성이다. 딸들은 부모에게 버림받은 대신 '효孝'라는 이름의 부채의식을 갖고 있지 않다. 부모가 떠난 집에서 자매들은 민주적인 방식으로 의사를 결정하며 각자의 삶을 자신들이 원하는 방향으로 전개시켜왔다.

맏딸 사치는 집과 동생들에 대해 책임감을 갖고 있지만 그들의 삶에 간섭하진 않는다. 이들에게선 매사에 스스로 선택하고, 스스로 책임지며 살아가는 속박 없는 인간에게서 풍기는 쿨함이 느껴진다. 자매들은 자신들을 떠난 부모가 현재의 삶에 어떤 영향도 미치지 못하게 한다. 그래서 15년 동안 한 번도 보지 못한 아버지의 부고 앞에서 뒤틀린 감정을 보이지 않고 "지금 부인이 세 번째 부인이래." "와, 아버지 능력 있네!"라고 말할 수 있고, 수년 만에 만나는 엄마를 오랜만에 만나는 친구처럼 대하며, 그런 엄마가 집을 팔려고 하자 단칼에 그럴 자격이 없음을 지적하며 거절한다.

자매들의 이런 태도는 주어진 삶의 조건을 좋다, 나쁘다와 같이 이분법적으로 판단하는 우리들의 관습적 사고에 도전한다. 부모에게 버림받았다고 반드시 불행해져야 하는 건 아닌 것처럼 이 영화에서는 사람도 그런 이분법적 잣대로는 이해할 수가 없다.

세 자매는 서로에게 더없이 좋은 언니 동생이고 어린 이복동생까지 키우는 착한 사람들이지만 그렇다고 이들에게 아무 문제가 없는 건 아니다.

학창 시절부터 줄곧 반장을 맡았을 정도로 전형적인 모범생 타입인 맏딸 사치는 종합병원의 간호사인데 놀랍게도 같은 병원에 근무하는 유부남 의사와 사귀고 있다. 은행원인 둘째 요시노는 무능한 남자들과 퍼주기 식으로 교제하며 돈을 빌려줬다 떼이고 일방적으로 차이길 반복한다. 막내인 치카는 시내에 있는 스포츠 용품점에서 일하며 점장과 사귀고 있다. 가장 정상적인 연애를 하는 거 같지만, 점장은 히말라야를 등반하다 발가락을 7개나 잃고도 또 산에 오를까 말까를 고민해 치카를 걱정시킨다.

하지만 사치의 불륜은 우리가 일반적으로 상상하는 그런 욕정에 불타는 관계가 아닌 우정에 가까운 형태로 묘사되며 그래서 그 관계에 단순한 도덕적 잣대를 들이밀기가 멋쩍다. 또 요시노는 사랑할 때 연인에게 대가를 바라면서 잘해준 것이 아니기에 그들이 떠나도 오래 아파하며 자신을 책망하지 않고 씩씩하게 이겨낸다. 그래서 그녀는 남자에게 돈을 떼이고 차였음에도 피해자의 모습으로 남지 않고 당당하다.

바닷마을 다이어리 세 자매는 아버지의 장례식장에서 처음 만난 이복동생 스즈에게 같이 살자고 제안한다.

자기 삶에 벌어진 일에 대해 남을 탓하지 않는다.
자매들은 무엇으로도 부모를 탓하지 않고,
요시노는 자기를 등쳐먹은 남자들을 탓하지 않는다.
그저 일어난 일에 최선을 다할 뿐이다.

누구도
탓하지 않는다

〈바닷마을 다이어리〉는 사람의 이런 모순됨 그리고 그런 사람들이 만드는 복잡다단한 관계 속에서 발생하는 피할 수 없는 갈등을 사치의 입을 빌어 '어쩔 수 없는 일'이라고 이야기한다. 그러나 그것은 자기변명이 아니며 상대에 대한 체념이나 낙담도 아니다.

자매들을 비롯한 바닷마을의 이웃들은 그것을 그저 있는 그대로 받아들인다. 이들 중 누구도 자기 삶에 벌어진 일에 대해 남을 탓하지 않는다. 자매들은 무엇으로도 부모를 탓하지 않고, 요시노는 자기를 등쳐먹은 남자들을 탓하지 않는다. 그저 일어난 일에 최선을 다할 뿐이다.

이런 삶의 태도는 그들이 자연스럽게 표현해서 그렇지 현실에서 보기 힘들 뿐더러 우리가 익히 알고 있는 서사적 문법에서도 크게 벗어나 있어 신선한 충격으로 다가온다. 막장으로 치달을 수 있는 상황을 아름다운 순간으로 치환해버리기 때문이다.

무엇보다 여기엔 '손가락질하는 사람'이 없다. 아버지가 바람났다고, 엄마가 집 나갔다고, 내연녀의 딸이라고, 콩가루 집안이라며 네 자매들에게 손가락질하는 사람도 없고, 뒤에서 수군거리는 사람도 없다. 얼마나 많은 사람이 자기 잘못도 아닌데 부모 때문에 차별과 편견에 시달리나?

자매들 또한 서로의 삶에 대해 손가락질하지 않는다. 서로의 선택을 존중하며, 잘못된 부분이 있어도 스스로 책임질 수 있도록, 제자리로 돌아올 수 있도록, 인내하며 지켜보고, 기댈 수 있는 울타리가 되어준다.

문제없는 인생은 없다. 결함 없는 사람이 없기 때문이다. 막장 드라마적인 요소로 가득한 자매들의 인생은 파행으로 치닿는 게 더 자연스러워 보인다. 우리는 그런 서사에 익숙하다. 그런데 자매들과 바닷마을의 이웃들은 문제가 있다고 삶이 꼭 망가져야 하냐고 반문하듯이 살아간다. 우리에겐 선택할 수 있는 다른 방향이 있다고 알려주듯이. 이들이 자기 운명에 처신하는 방법이 내가 취해온 삶의 자세와 너무 달라서 더 많이 울었는지도 모르겠다. 울면서 생각했다. 우리가 이 세상에서 천국을 만들 수 있다면 바로 저런 모습일 거라고….

영화로 나를 만나는 시간

Q. 부모님에게 받은 가장 큰 상처는 무엇인가요?
그때의 나에게 지금 어떤 위로의 말을 하고 싶나요?

바닷마을 다이어리 모처럼 바닷가에서 함께 어울리며 즐거운 시간을 보내는 자매들.

자매들과 바닷마을의 이웃들은 문제가 있다고
삶이 꼭 망가져야 하냐고 반문하듯이 살아간다.
우리에겐 선택할 수 있는
다른 방향이 있다고 알려주듯이.

소녀시대는 어떻게 막을 내리는가?

영화 〈진저 앤 로사〉

드라마 | 영국 | 90분 | 2014. 05. 15 개봉 | **감독** 샐리 포터
주연 엘르 패닝, 앨리스 잉글러트

사춘기의 불안과 갈등을 섬세하고 시적으로 표현한 영화 〈진저 앤 로사〉는 아버지가 고등학생인 딸의 친구와 사랑에 빠져 성관계를 맺는 충격적인 내용을 담고 있어서 보고 난 직후에는 화가 날 뿐 영화에 대해 다른 어떤 생각도 할 수 없었다.

그러나 시간이 지나도 이 가엾은 딸의 이야기는 잊히지 않고 계속해서 떠오르며 나로 하여금 자신의 이야기를 더 깊이 생각하도록 만들었고, 마침내 그 안에 내재된 아름다움을 깨닫도록 이끌었다.

위기에 놓인 진저와 로사

1962년 런던, 시를 좋아하는 17살 소녀 진저의 삶은 불안하기만 하다. 라디오에서는 핵전쟁이 날지도 모른다는 뉴스가 끊임없이 흘러나오고, 엄마와 아빠는 사이가 나쁘다. 진저는 무엇이든 늘 함께 하는 친구 로사와 시를 방패삼아 이런 불안을 견뎌나간다. 세상에 너와 나 둘만 있으면 아무것도 두려울 게 없다는 듯이 같은 옷을 입고 어디든 꼭 붙어 다니는 진저와 로사.

영원할 것 같았던 두 사람의 우정은 고조되는 쿠바 미사일 위기에 서로 다른 반응을 보이면서 서서히 금이 가기 시작한다. 핵전쟁의 위기는 두 소녀가 꿈꾸는 미래를 위협한다. 지적이며 사회참여에 대한 욕구가 강한 진저는 아직 고교생임에도 성인들 중심의 반핵, 반전 운동에 가담해 활동하고 싶어 하지만 로사는 그보다는 세계평화를 위해 교회에서 기도하는 것이 낫다고 생각한다.

진저가 시를 읽고 쓰는 예술 활동을 통해 의식의 고양을 추구하는 반면 로사는 이성에 대한 폭발적인 관심을 적극적으로 드러낸다. 진저는 로사 하나로 충분한데 로사는 남자친구를 사귀고 싶고, 키스하고 싶고, 자고 싶다.

두 아이는 처음엔 서로의 차이를 존중하고, 상대에게 맞춰주려

진저 앤 로사 롤랜드와 교제하면서 화장을 하고 어른인 척 행동하는 로사. 진저는 그런 로사를 애원하듯이 바라본다.

로사는 어른인 척 행동하며 자신만이 롤랜드의 아픔을 이해하고
스스로를 그와 사랑을 나눌 정도로 충분히 성숙하다고 믿고,
또 그런 연애를 하는 자신이 특별하다고 느끼지만
그러한 착각 자체가 사춘기의 전형적인 증상일 뿐이다.

고 노력한다. 로사는 진저를 따라 가두시위에 참여해보고, 진저는 로사를 쫓아 교회에 가서 기도하고, 남자 아이들과 어울려도 보고, 또 로사가 길에서 만난 남자애와 키스하는 동안 기다려주기도 한다. 그러나 결국 로사가 자유주의자를 자처하는 작가이자 철학자인 진저의 아빠 롤랜드와 사랑에 빠지면서 이들의 관계는 돌이킬 수 없는 파국으로 치닿는다.

로사는 어른인 척 행동하며 자신만이 롤랜드의 아픔을 이해하고 스스로를 그와 사랑을 나눌 정도로 충분히 성숙하다고 믿고, 또 그런 연애를 하는 자신이 특별하다고 느끼지만 그러한 착각 자체가 사춘기의 전형적인 증상일 뿐이다. 길게 설명할 필요도 없이 문제의 원인은 롤랜드이지만 생각할수록 안타까운 것은 이 소녀들이 엄마들의 삶에 대해 조금만 제대로 이해했더라면 혹시 상황이 달라지지는 않았을까 하는 점이다.

무책임한 아버지에 대한 딸들의 맹목

세상의 많은 딸이 그러하듯 진저와 로사도 엄마처럼 살기 싫다. 딸들의 눈에 엄마는 집에서 살림만 하고 무지해서 핵전쟁의 위기가 닥쳤는데도 그런 건 안중에도 없고, 그저 늦게 다니지 말라는 고리타분한 잔소리만 해대는 매력 없는 아줌마일 뿐이다. 진저는 자신에게 설거지 한 번 돕는 법이 없다고 타박하는 엄마를 이해하지 못한다. 둘은 엄마들이 자기들에게 잔소리하듯 바가지를 긁어서 아빠들이 집에 들어오지 않는 거라고 생각한다.

진저와 로사는 아버지의 무책임이 엄마의 삶을 힘들게 하고 있다는 걸 보지 못한다. 그리고 엄마들이 제2차 세계대전이라는 진짜 전쟁을 겪어봤기에 종말과 죽음의 공포를 알고도 남는 사람들이라는 것, 그래서 그런 그들에게 당면한 가장 큰 고민은 핵폭탄이 아니라 바로 반항하는 사춘기 딸인 자신들이라는 걸 짐작도 하지 못한다. 사실 이 엄마들은 이미 인생에서 폭발과 멸망을 경험했다.

영화는 다소 황당하게도 1945년에 히로시마에서 버섯모양으로 원폭이 터지는 그 유명한 장면으로 시작한다. 그리고 바로 이어서 창백할 정도로 하얀 병실에서 하얀 가운을 입은 채 나란히 누워 서로 손을 붙잡고 함께 출산의 고통을 겪는 두 젊은 여인의 모습을 보여준다. 바로 진저의 엄마와 로사의 엄마다. 히로시마에서 원폭이 터지던 그때 두 여자의 소녀시절도 출산과 함께 멸망했다. 당시에 이들은 지금의 진저와 로사처럼 아직 10대였다. 소녀시절의 멸망과 함께 찾아온 엄마, 아줌마로서의 인생은 혹독했다. 로사의 아빠는 아내와 아이들을 버리고 집을 나갔다. 로사의 엄마는 홀로 힘들게 아이들을 키워야 했고 그래서 점점 거칠어졌으며 로사는 그런 엄마를 미워한다.

한편 학교에서 미술을 전공하던 진저의 엄마 나탈리도 출산과 함께 화가의 꿈을 포기하고 양육과 살림을 도맡았다. 꿈을 포기하고 선택한 남자 롤랜드에게 변함없는 사랑을 기대했지만 이기적인 그는 상습적으로 제자들과 바람을 피우고 다니며 연구를 핑계로 집에 들어오지도 않고, 한 번씩 나타나 생활비를 던져주는 걸로 무슨 대단한 가장 노릇이라도 하는 양 행동한다.

그런데도 진저는 무기력한 표정의 우울한 엄마보다 지적이고 자유분방한 아빠가 더 좋다. 가끔씩 만나 딸과 친구처럼 철학과 사회 문제에 대해 대화하는 아빠, 이름만 대면 사람들이 알아봐주는 진보적인 사상가인 그런 아빠가 멋지다고 생각한다. 한마디로 아무것도 책임지지 않고 가끔씩 방문해서 덕담과 칭찬을 늘어놓고 놀다 가는 삼촌 같은 아빠인 것이다.

진저는 아빠의 자유가 가사와 육아를 도맡은 엄마의 노동력을 기반으로 하고 있다는 생각을 전혀 하지 못한다. 남편의 여성편력과 무책임을 견디다 못한 나탈리는 마침내 그와 헤어지고, 진저는 사사건건 자신과 부딪치는 엄마가 아닌 아빠랑 살겠다며 롤랜드의 집으로 간다. 그리고 거기서 자신이 몰랐던 아빠의 실체를 확

진저 앤 로사 로사가 진저의 아버지인 롤랜드와 사귀게 되면서 두 친구 사이의 긴장감이 증폭한다.

세상의 많은 딸이 그러하듯 진저와 로사도 엄마처럼 살기 싫다.
딸들의 눈에 엄마는 집에서 살림만 하고
무지해서 핵전쟁의 위기가 닥쳤는데도 그런 건 안중에도 없고,
고리타분한 잔소리만 해대는 매력 없는 아줌마일 뿐이다.

인하게 된다. 딸인 자기가 곁에 있는데도 버젓이 로사와 애정행각을 벌이고, 그것도 모자라 로사와 연애하는 걸 주변에 비밀로 해 달라는 부탁까지 한다. 평소에 본인을 아빠라고 부르지 말고 그냥 롤랜드라고 부르라고 하길래 서양에서는 워낙 부모를 이름으로 부르기도 하니까 딸에게 친구 같은 아빠이고 싶어서 유난히 더 그러나보다 했다. 하지만 모든 것이 로사와의 연애를 위한 거짓말이었고, 마침내는 자신이 진저의 아빠라는 사실을 아예 잊은 듯 행동하니 정말 그 기막힌 처신에 아연실색 하지 않을 수 없다.

세상에는 정말로 이런 인간도 있는 것이다. 아빠가 없는 로사는 진저와 가깝게 지내면서 보통의 아버지들과는 다른 친구 같은 롤랜드의 모습이 그의 전부라고 믿고, 그런 아빠를 가진 진저가 부러웠는지도 모르겠다. 또래의 남자애들에게선 기대할 수 없는 안정감을 주고, 딸보다 애인인 자기를 더 열렬히 사랑하는 것처럼 보이는 태도에 반한 모양이다. 이기적이고 무책임한 아버지에 대한 딸들의 맹목이 그저 안타깝기만 하다.

더욱 유감스러운 것은 이 눈먼 딸들이 같은 여자면서도 엄마를 남자인 아버지의 눈으로 보고 있다는 것이다. 집에서 살림이나 하는 무식한 잔소리꾼 아내로 말이다. 그러나 집안에 별 다른 문제가 없어도 부모에게 반항하는 것이 주된 업무인 사춘기 아이들에게 어떻게 부모를 올바른 눈으로 볼 것을 기대할 수 있을까?

진짜 문제는 살아남는 것이니까

사회는 종말을 앞둔 것처럼 어둡고, 집도 어두우니 방황하는 청춘은 마음을 둘 곳이 없다. 진저의 내면에서 무섭게 자라난 핵전쟁과 세계 멸망에 대한 공포는 사실 아버지가 자기 친구랑 잔다는 사실에 집중하지 않기 위한 눈가리개일 뿐이다. 외적 세계의 위기와 가정불화에서 비롯한 내면의 위기가 동시에 고조되는 것이 이 영화가 사춘기의 불안을 묘사하는 방식이다.

진저는 반전 시위에 집착적으로 매달리고 마침내 경찰에 연행되어 구치소에 수감되며 그곳에서 정신착란을 일으키는 지경에 이른다. 그리고 로사는 롤랜드의 아이를 임신한다. 기막히게도 롤랜드는 이 일로 자신을 비난하는 사람들에게 자신은 자유주의자라고 항변한다.

그는 그 어떤 사회적 속박도 자신을 옭아맬 수 없다며 가정도 그에게는 족쇄일 뿐 자유주의자인 자신이 사회가 만들어놓은 남성 가장 중심의 가정 모델을 따를 이유가 없다고 외친다. 법도 도덕도 상식도 윤리도 없이 한 마디로 제멋대로 사는 것이 그가 말하는 '자유주의'다. 딸이나 다름없는 로사와의 연애를 무슨 대단한 철학을 가지고 그걸 실천하며 사는 삶으로 포장하려 드는 그의 파렴치함은 지금 떠올려도 치가 떨린다.

아무튼 모든 사실을 알게 된 진저의 엄마 나탈리는 수면제 한 통을 입안에 털어 넣고 병원으로 실려 간다. 병원 대기실에 롤랜드와 나란히 앉아서 나탈리의 수술이 끝나기를 기다리는 진저는 이제 이전의 진저가 아니다. 아버지와 친구에게 변치 않는 사랑과 결속을 갈망하던 연약한 소녀의 얼굴은 이제 없다. 강인하고 단호한 얼굴로 진저는 로사에게 한 편의 시를 편지로 쓴다. 그녀에게 고통스러웠던 지난 시간을 견딜 수 있게 힘이 되어준 시다.

“진짜 문제는 살아남는 것이니까. 그리고 만약 우리가 살아남는다면… 난 아무것도 용서할게 없을 거야….” 이렇게 진저의 소녀 시대는 막을 내린다. 사랑하는 사람들로부터 지울 수 없는 상처를 받았음에도 무너지지 않고 시를 타고 상처 너머로 건너가는 모습이 대견하고 아름답다. 이런 그녀가 부모와 살던 집을 떠나 시를 통해 시대와 인간에 대해 이야기하는 예술가가 될 것이 자명해 보인다.

〈진저 앤 로사〉는 샐리 포터 감독의 자전적 영화다. 〈올란도〉〈탱고 레슨〉 같은 영화를 통해 여성의 삶에 대한 깊은 통찰을 시적인 영상으로 표현해온 그녀가 칠순을 앞두고 오랜만에 메가폰을 잡으면서 반세기도 더 지난 자신의 십대시절의 이야기를 들고 나왔다는 사실이 흥미롭다.

상처가 이야기가 되어 세상으로 나오기까지 걸린 그 긴 시간 동안 수없이 머뭇거렸을 그녀의 모습을 자꾸 상상하게 된다. 화면 위에서는 1960년대 재즈를 BGM으로 낭만적인 빈티지 무드 안에서 소녀들의 쓰디 쓴 성장기가 감각적으로 펼쳐지는데 바로 이것이 샐리 포터가 오랫동안 혼자 다듬어온 추억이었다고 생각하면 가슴이 아릿하다. 그나저나 로사는 어떻게 되었을까? 철없는 나이에 저지른 실수가 인생 전체를 좌우해서는 안 될 일이다. 그저 롤랜드의 아이를 임신한 그녀의 앞날이 진저의 엄마 나탈리의 지난 삶과 비슷하지 않기만을 바랄 뿐이다.

영화로 나를 만나는 시간

Q. 사춘기 때 겪었던 일 중에서 가장 기억에 남는 일은 무엇인가요?
그 일이 내 삶에 어떤 영향을 주었나요?

진저 앤 로사 진저와 로사는 옷까지 똑같이 맞춰 입고 쌍둥이처럼 붙어 다니던 단짝 친구였다.

"진짜 문제는 살아남는 것이니까.
그리고 만약 우리가 살아남는다면…
난 아무것도 용서할 게 없을 거야…."
이렇게 진저의 소녀 시대는 막을 내린다.

날아가고 싶어!

영화 〈**레이디 버드**〉

코미디 | 미국 | 94분 | 2018. 04. 04 | **감독** 그레타 거윅
주연 시얼샤 로넌, 로리 멧칼프

소녀들이 자아를 찾아가며 내적·외적 갈등 속에서 어떻게 어른으로 성장하는지 실감나게 그려낸 영화 〈레이디 버드〉는 딸과 엄마의 관계를 심도 있게 묘사해서 주목을 끈다.
날아가고 싶은 딸과 그런 딸을 붙잡아두고 싶은 엄마 사이에 존재하는 애증의 역동이 사실감 넘치면서도 코믹하게 펼쳐지는데 그런 모녀의 모습을 보고 있으면 원래 딸과 엄마 사이는 한없이 가깝고도 한없이 먼 아이러니한 관계인 거라고 고개를 끄덕이며 받아들이게 된다.

만만하지도 수월하지도 않은 청소년의 삶

주인공 크리스틴은 부모가 지어준 이름 대신 스스로에게 '레이디 버드'라는 이름을 지어줄 만큼 특별함을 갈망하는 호기심과 모험심으로 가득 찬 소녀다. 그녀는 미국 캘리포니아 주의 주도인 새크라멘토에 사는데 빨리 대학생이 되어 거길 벗어나는 게 소원이다.

새크라멘토는 어떤 곳인가? 시골 도시의 아늑함을 지닌 아름다운 곳이긴 하지만 나도 지금까지 미국에 이런 도시가 있다는 걸 전혀 몰랐을 정도로, 한마디로 존재감 없는 곳 그 자체다. 레이디 버드는 뉴욕에 가고 싶다. 문화와 예술의 도시, 날마다 흥미진진한 일이 펼쳐질 것 같은 뉴욕에서 그 가능성과 다양함을 온 몸으로 느끼면서 살고 싶은 것이다.

청소년이 이런 꿈을 갖는 건 당연한 거 아닌가 싶은데 레이디 버드의 엄마는 전혀 생각이 다르다. 엄마는 딸이 고향에 있는 대학에 가길 원한다. 대학이라면 여기에도 많이 있으니까. 레이디 버드의 대학진학을 놓고 서로 전혀 다른 꿈을 꾸며 상대가 자신에게 맞춰주길 바라는 모녀의 줄다리기가 팽팽하게 펼쳐진다.

어른들은 종종 자신들의 삶의 무게를 감당하느라 힘들어서 청소년의 삶은 편하다고 착각하곤 한다. 해주는 밥 먹고, 학교만 다니면 되는데 힘들게 뭐가 있냐고, 사회에 나와 보라고, 진짜 힘든 일이 뭔지 알게 될 거라고 말하기도 한다. 하지만 그렇게 말하는 사람도 분명 청소년 시절엔 자기 현실이 어렵다고 느꼈을 게 분명하다. 지난 시절이라 기억 속에서 미화되었을 뿐이다.

지금 고등학교 3학년이라는 현실을 살아내야 하는 레이디 버드에게 삶은 결코 만만하지도 편하지도 않다. 원하는 대학에 가기에는 성적이 부족하고, 집안 형편도 학비를 감당할 만큼 넉넉하지 않다. 성적도 올려야 하고, 아르바이트를 해서 돈도 모아야 한다. 남달리 성취욕이 강하고, 관심 받고 싶은 욕망도 큰 그녀는 미래를 준비한다고 현실을 놓치고 싶지도 않다. 지금 이 순간에도 하고 싶은 게 너무 많다. 학생회장 선거에 출마하고, 이웃 남학교 학생들과 함께 하는 뮤지컬에 출연하기 위해 오디션도 본다.

인생이 뜻대로 되지 않는 것은 애나 어른이나 마찬가지. 레이디 버드의 노력에도 무엇 하나 수월하게 그냥 넘어가는 것이 없다. 수학 성적이 발목을 잡고, 학생회장 선거에선 떨어지고, 뮤지컬에서도 주인공은 다른 친구가 맡는다. 실패에도 굴하지 않고 오뚝이 같이 일어서서 다시 달리는 레이디 버드가 참 씩씩하고 대견하다. 하지만 안타깝게도 엄마 매리언의 눈에는 딸의 이런 장점이 잘 보이지 않는 거 같다.

레이디 버드 멀어지려는 딸 레이디 버드와 붙잡아두려는 엄마 매리언의 동상이몽.

엄마는 딸이 고향에 있는 대학에 가길 원한다.
레이디 버드의 대학진학을 놓고 서로 전혀 다른 꿈을 꾸며
상대가 자신에게 맞춰주길 바라는
모녀의 줄다리기가 팽팽하게 펼쳐진다.

매리언은 엄마인 자신의 말에 순순하게 "예"라고 답하며 순종하는 법이 없는 레이디 버드가 못마땅하다. 엄마는 고약한 말로 그런 딸의 기를 꺾으려고 하지만 그럴수록 레이디 버드는 더욱 세게 대들 뿐이다. 그렇다면 매리언이 바라는 딸은 어떤 딸인가?

그녀는 딸이 부모의 어려움을 헤아릴 줄 알고, 집안 형편에 맞춰 인근에 있는 대학에 진학해서 착실하게 학교를 다니다가 졸업 후 적당한 곳에 취직해서 자립하길 바란다. 또 자기 방도 잘 치우고, 집안일도 도와주고 매사에 감사할 줄 아는 딸이기를 바란다. 그래서 그녀는 레이디 버드가 다른 가족들은 안중에도 없고, 이기적이라고 비난한다. 하지만 레이디 버드는 엄마가 자신의 꿈을 이해하고 응원해주지 않아서 속상하다. 자기에게 늘 화만 내는 엄마가 야속하다.

엄마가 바라는
이상적인 딸이 될 순 없어

레이디 버드와 매리언의 감정싸움을 지켜보면서 나는 내가 나이 들었음을 실감했다. 예전 같았으면 당연히 주인공인 레이디 버드에게 100% 감정이입을 하면서 영화를 봤을 텐데 이제 매리언의 입장이 이해되기 시작한 것이다. 사실 매리언이 화가 나서 딸에게 내뱉는 말들은 도가 지나친 면이 있다. 예를 들어 딸에게 "감방이나 들락거리게 될 거다." "너를 키우느라 헛돈 쓴 걸 생각하면 아깝다"라는 말은 자식의 인격을 무시하는 것이다. 하지만 매리언이 이러는 데는 나름의 이유가 있다. 매리언 본인은 인식하지 못하고 있지만 사실 그녀는 일상에서 받는 스트레스를 딸에게 풀고 있으며, 심리적으로 딸에게 의지하고 싶어 한다.

병원에서 상담사로 일하는 그녀는 다른 사람의 심리적 어려움을 이해하고 위로하는 데 뛰어난 사람이다. 실제로 그녀는 모든 사람에게 진심으로 상냥하고 친절한데 문제는 본인의 마음은 털어놓을 곳이 없다는 것이다. 매리언은 최근에 실직한 남편과 대학을 나오고도 제대로 된 직장을 구하지 못해서 마트 점원으로 일하는 큰 아들 때문에 스트레스를 받고 있음에 틀림없다. 그런데도 그녀는 남편과 아들에게는 싫은 소리를 단 한마디도 하지 않는다.

그녀는 그들이 원하는 직장을 얻지 못하는 것이 그들의 잘못이 아니며, 이 문제로 당사자들이 가장 스트레스를 받고 있다는 걸 잘 이해하기 때문이다. 혼자서 가정 경제도 책임져야 하고, 살림도 도맡아 하려니 매리언도 분명 힘에 부칠 텐데 어디에도 기댈 데가 없다. 그녀는 딸이 엄마에게 힘이 되어주는 속 깊은 자식이길 바라는데 레이디 버드가 자기 생각에만 빠져 있으니 답답한 것이

레이디 버드 ⋮ 데이트를 즐기는 레이디 버드와 그녀의 첫사랑 대니. 나중에 대니가 게이라는 사실을 알고 레이디 버드는 큰 충격을 받는다.

인생은 확률 게임이 아니기에 남들이 실패했다고 해서
레이디 버드도 실패할 거라고는 아무도 장담할 수 없다.
무엇보다 사람은 부모의 기대에 맞게 살기 위해 태어나는 것이 아니라
자기 자신으로 살기 위해 태어나는 것이라는 사실을 생각해야 한다.

다. 더구나 매리언은 뉴욕을 비롯한 동부의 명문대학에 아무 기대가 없다. 남편과 아들이 둘 다 보스턴 대학을 졸업하고도 실직자, 실업자 상태니 그럴 만도 하지 않은가. 무용지물인 졸업장을 따기 위해 그 비싼 학비를 내기도 싫고, 그럴 형편도 못된다.

그리고 형편이 어렵다는 것은 매우 현실적인 문제로 자신의 연봉을 다 쏟아 부어도 1년치 등록금이 될까 말까 한데 정말로 감당하기 힘든 것이다. 매리언이 반대하면 할수록 레이디 버드는 더욱 강하게 뉴욕으로 가겠다고 주장하면서 지금 살고 있는 고향 새크라멘토를 지루하고 촌스러우며 볼품없는 곳이라고 흉을 본다. 그런 말을 들으면 엄마는 마치 이곳을 사랑하는 자신이 부정당하는 것 같아서 더욱 가슴이 아프다.

엄마는 딸이 멀리 가는 게 싫다. 곁에 있으면서 소박한 일상을 함께 나누는 자신의 친구로 남아주길 바란다. 그러나 이런 엄마의 마음을 백분 이해한다고 해도 레이디 버드를 향한 엄마의 기대는 무리한 것이다. 청소년인 딸은 자신의 미래를 눈앞에 펼쳐진 깨끗한 도화지처럼 무한한 가능성의 장으로 이해하고 있는데, 그런 아이에게 세상을 부모인 자신의 인생 경험에서 비롯한 안목으로 보라고 요구하고 있는 셈이다.

매리언은 이미 인생에서 여러 쓴 맛을 보며 중년이 되었기에 뉴욕에 간다고 갑자기 인생이 달라지는 것도 아니며, 굳이 남편이나

아들의 예를 들지 않아도 대부분의 꿈이라는 게 이루어지지 않는다는 걸 알기에 자식이 쓸데없이 시간과 돈을 낭비하지 않고 살아가길 바라는 것이다. 하지만 인생은 확률 게임이 아니기에 남들이 실패했다고 해서 레이디 버드도 실패할 거라고는 아무도 장담할 수 없다. 무엇보다 사람은 부모의 기대에 맞게 살기 위해 태어나는 것이 아니라 자기 자신으로 살기 위해 태어나는 것이라는 사실을 생각해야 한다.

누구도 대신 살아줄 수 없는 자신만의 인생

스스로를 '레이디 버드'라 칭할 정도로 날아오르고 싶었던 아이는 엄마의 반대에도 굴하지 않고 자신의 목표를 향한 발걸음을 멈추지 않는다. 그녀는 엄마를 속이고 아빠의 도움을 받아 동부의 대학에 원서를 넣고, 학자금 융자를 신청한다. 일단 어떻게든 입학만 하면 장학금도 받고, 아르바이트를 해서 학교를 마치겠다고 다짐한다.

레이디 버드는 엄마가 알지 못하는 자신만의 사생활을 만들며 성장해나간다. 그녀는 뮤지컬을 하면서 사귀게 된 첫사랑 남자친구가 게이라는 사실을 알고 배신감에 분노한다. 하지만 그가 자신이 게이라는 사실이 집안에 알려질까 두려워하며 우는 것을 보고 누구에게나 오직 자신만이 감당해야 하는 삶의 무게가 있다는 걸 깨닫는다.

그녀는 또 락 밴드에서 기타를 치는 남학생에게 반해 여자로서 처음으로 누군가에게 강한 성적 매력을 느낀다. 사람과 사람 사이에 이런 원초적인 끌림이 존재한다는 걸 실감한 그녀는 기타치는 남학생과 첫 경험을 하게 된다. 하지만 나중에 그 애가 자기처럼 성경험이 처음이 아니라는 걸 알고는 크게 실망한다.

18세가 되는 생일에는 이제 미성년자가 아니라며 가게에 가서 신분증을 내밀고 담배와 성인잡지를 사기도 하고, 운전면허도 따면서 좌충우돌 하이틴 시절의 마지막 해를 잊을 수 없는 추억으로 꽉꽉 채워나간다. 이 모든 것은 부모가 가르쳐줄 수도 없고, 대신 살아줄 수도 없는 레이디 버드만의 인생 경험인 것이다.

마침내 레이디 버드는 꿈에 그리던 뉴욕으로 간다. 그렇게 간절하게 원했던 뉴욕에 도착했는데 그녀는 이방인 같은 자신의 모습을 발견하고 금방 고향을 그리워하게 된다. 뉴욕이 더이상 꿈의 장소가 아닌 현실이 된 것이다. 이곳에서 그녀는 자신을 레이디 버드라고 부르지 않고 부모가 지어준 이름 '크리스틴'으로 살아가려 한다.

자신의 뿌리와 정체성을 붙들지 않고서는 뉴욕이란 도시에 오히려 적응하기가 어렵다는 아이러니를 어렴풋하게나마 깨달은 것이다. 이제 그녀의 내면에 축적된 엄마의 사랑과 고향에서의 추억이 그녀가 고된 타향살이를 해나가는 데 귀중한 자양분이 될 것이다. 크리스틴이 자신이 선택한 곳에서 레이디 버드의 정신을 잃지 않고 계속해서 용기 있는 도전을 멈추지 않길 응원한다.

영화로 나를 만나는 시간

Q. 학창시절 나를 힘들게 했던 부모님의 기대는 무엇이었나요?

남자 그리고 억압적인 사회 제도에 종속되어서
자기가 원하는 삶을 살 수 없는 여자들.
무엇으로도 운명을 바꿀 수 없다는 절망감이 이들을
자기 파괴적인 길로 이끈다.
영화를 통해 들여다본 그녀들의 삶은 나와 그녀들을 구분 짓는 경계가
얼마나 쉽게 허물어질 수 있는지 일깨웠다.
이 세계에서 여성의 삶의 조건이 근본적으로 변하지 않는 한
나라고 해서 그녀들을 빨아들인 그 어둠 속으로
떨어지지 않으리란 보장은 없다.

Chapter 4

어둠 속의 여자들

존재의 특별함에 관하여

영화 〈레볼루셔너리 로드〉

드라마 | 미국, 영국 | 118분 | 2009. 02. 19 개봉 | **감독** 샘 멘데스
주연 레오나르도 디카프리오, 케이트 윈슬렛

인생 영화라고 할 만한 영화를 만났다. 단 한 장면도 놓칠 수 없어 눈이 빠질 듯이 쳐다보았고, 보는 내내 미친 듯이 공감했으며, 영화가 끝나고 나서는 이야기에 완전히 사로잡혀 얼이 빠진 듯 전율했다.

결혼한 사람들이라면 대체로 공감할 만한 내용이지만 여자 주인공인 에이프릴에 대한 평가는 상당히 엇갈리는 듯하다. 이 영화는 '부부'가 주인공이지만 갈등의 원인 제공자인 아내 에이프릴에 초점을 맞출 때 보다 폭넓은 이해가 가능하지 않나 생각한다.

규격화된 틀을 벗어날 수 없는 삶

'아무 문제가 없는데 문제가 있는 삶' 이렇게 표현하면 어떤 사람은 크게 공감할 것이고, 어떤 사람은 이게 다 무슨 헛소리냐고 할 것이다. 프랭크와 에이프릴 부부는 아무 문제가 없는데 문제가 있는 삶을 살고 있다. 도시 중산층으로서 자신들과 같은 계층의 사람들이 모여 사는 깨끗하고 예쁜 동네 '레볼루셔너리 로드'에서도 가장 좋은 집에 살고 있다. 토끼같이 사랑스러운 두 아이가 있고, 맨해튼에 직장을 가지고 평범하고 안정된 일상을 누리고 있다. 그런데 바로 이 '평범함'이 문제인 것이다.

결혼 전 이들은 서로의 '특별함'에 빠져들었다. 배우를 꿈꾸며 연기수업을 받던 에이프릴에게선 또래의 다른 여자들에게서 보기 힘든 자유로움과 개성이 넘쳤고, 또 그런 타입의 여자에게 매력을 느끼고 '인생의 매 순간을 제대로 느끼며 살고 싶다'는 남자 프랭크는 에이프릴에게 세상에서 가장 멋진 남자였다. 첫눈에 반해서 결혼을 하고 7년 뒤, 그들은 가장 평범한 도시 중산층의 삶을 살게 된 것이다.

남자는 아버지가 다녔던 직장에 다니고 있다. 자신은 아버지처럼 살지 않을 거라 했지만 결국 그렇게 되었다. 여자는 배우를 꿈

꿨지만 재능의 부족인지, 여건이 안 받쳐준 건지 공연의 실패를 거듭하며 깊은 좌절을 맛본다. 동네에서는 나름 멋진 부부로 인정받고 있긴 하지만 그래 봤자 '도시 중산층 가정'이라는 규격화된 틀을 벗어날 수는 없다. 최근에 막을 내린 공연에서 또다시 실패를 맛보고 불만족 상태에 빠진 에이프릴은 그로 인해 남편과도 갈등을 빚는다. 그녀는 자구책으로 남편에게 파리로 이사 갈 것을 제안한다.

그녀는 말한다. "당신은 원래 특별한 사람이었다. 지금 당신은 정말로 하고 싶은 일을 하면서 사는 게 아니라 그저 우리를 먹여 살리려고 일할 뿐이지 않냐, 당신은 원래 이런 일을 할 사람이 아니다. 우리가 파리에 가면 내가 국제기구에서 일자리를 얻어 당신을 지원할 테니 당신은 진정한 당신의 꿈을 찾아라."

처음에는 비현실적인 소리라며 만류하던 프랭크도 그녀의 계속되는 종용에 넘어가 그들은 예술과 낭만의 도시 파리로 이사 갈 준비를 한다. 그의 내면에 숨어있던 야망이 그녀의 부추김에 빛을 받은 것이다. 여기서 한 가지 짚고 넘어가야 할 것이 있는데 이 영화에 나타나는 주인공들의 '특별하고 싶다'는 욕망을 단순히 '뽐내고 싶다' '잘나고 싶다'로 이해하면 이들의 열망과 갈등 그리고 좌절은 모두 속된 말로 '먹고 살만하니까 지랄한다'로 귀결된다는 점이다.

레볼루셔너리 로드 : 프랭크와 에이프릴은 둘이 함께라면 특별한 삶을 살게 될 거라고 믿었다.

영화의 배경이 1950년대라는 것을 감안할 때
비록 거기가 뉴욕일지라도
아이를 둘이나 키우면서 여자가 뭔가를
자발적으로 해내기가 얼마나 어려웠을까.

실제로 주인공들의 주변 지인들의 내면에는 바로 이 같은 질책이 내재되어 있다. 이 부부가 꾸는 꿈과 선택에 대해 주변인들이 보이는 친절한 냉소는 우리가 날마다의 삶에서 경험하는 매우 익숙한 이중적 태도다. 그들은 앞에서는 흥미로운 척 듣지만 곧 이어 '그게 가능하겠어?' '그런 무모한 짓을!' '뭐 하러 그런 일을 해?' '철이 없다'라고 말한다.

결정적인 무언가가 결여된 삶

순탄할 것 같았던 이들의 파리행은 프랭크가 직장에서 크게 승진할 기회를 얻고 에이프릴이 기대에 없던 세 번째 아이를 임신하면서 위기를 맞는다. 세상에, 남편이 초고속 승진을 하게 생겼는데 기뻐하지 않는 여자라니! 아이가 생겼는데 기뻐하지 않는 엄마라니! 누가 그녀를 쉽게 이해하겠는가? 프랭크는 승진의 기회 앞에서 파리로 가려던 결심을 거둔다. 애초에 그가 지녔던 꿈과 야망의 정체는 모호했고, 아버지가 말단 직원으로 정년을 마친 직장에서 중역의 자리에 오르는 것만으로도 충분히 만족될 수 있는 것이었으며, 사람들의 존경과 부러움을 받는 자리로 올라감으로써 자신이 그토록 원했던 '아버지처럼 살지 않는 인생'을 살게 된 것이다. 그로써 그는 자아실현을 하게 되었다고 볼 수 있다.

문제는 에이프릴이다. 그녀에게 모든 것을 다 갖춘 안락한 삶이란 공장에서 찍어낸 듯 똑같은 복제품과 다름없다. 그것은 결정적인 무언가가 결여된 삶이며, 어딘가 이상한 삶이다. 어떻게 이토록 다른 우리가 이렇게 똑같은 모양으로 살 수 있단 말인가. 이 같은 환경 속에서 '나'의 '나다움'과 '개성'은 무엇으로 설명될 수 있을까. 그냥 이렇게 정해진 시스템 속에서 주어진 대로 살아가는 인생에서 어떤 의미를 찾을 수 있단 말인가.

이러한 에이프릴의 특별함에 대한 갈망은 자신이 속한 사회의 누구에게서도 제대로 이해받지 못한다. 그녀는 외로웠고, 믿었던 남편마저 그녀의 편이 되어주진 못했던 것이다. 이런 에이프릴을 보면서 나는 예전에 자주 하곤 했던 나만의 상상을 다시 떠올리게 되었다. 난 가끔 지구 밖을 돌고 있는 위성의 눈으로 지구를 보는 상상을 하곤 했다. 지구는 구슬처럼 작고 푸르다. 거기엔 셀 수 없이 많은 사람이 살고 있다. 그리고 나는 그 중 한 사람이다. 도화지에 연필로 콕 찍어놓은 점 하나 정도나 될까. 그렇게 생각하면 인생이란 얼마나 덧없고 무의미한 것인지 모른다.

파리행을 둘러싸고 12주간 첨예하게 대립하는 이 부부를 보면서 이것이 한편으론 남녀의 차이를 다룬 부부관계를 묘사한 것처럼도 읽히고, 또 이상주의자와 현실주의자의 대립으로도 읽히며, 나아가 한 인간의 내면에 존재하는 안주하고 싶은 욕망과 모험하고 싶은 욕망의 갈등으로도 읽혀서 몹시 흥미로웠다.

파리행이 좌절되고 절망에 빠진 에이프릴은 배 속의 아이를 낳고 키울 자신이 없다. 낙태가 불법이기에 에이프릴은 집에서 혼자 불법시술을 시도하다 죽음을 맞이한다. 이런 에이프릴에 대해 가정을 파탄 낸 정신 나간 여자라는 평이 많은 것을 보고 가슴이 아팠다.

그녀는 어려서부터 삶에 대한 기대와 포부가 남달리 컸고, 꿈도 명확했기 때문에 현재의 삶이 자신이 꿈꿔왔던 삶과 전혀 다른 것을 어떻게 받아들여야 할지 몰라 몸부림을 친 것이다. 그녀가 배우로서 성공했더라면 이 커플의 삶은 정말 달랐을 것이다. 그녀는 파리라는 이상향을 설정하고 거기로 가는 것을 통해 특별함에 대한 욕망을 실현하려고 했지만 물리적 장소를 바꾸는 것만으로 이룰 수 없는 욕망임은 자명하다. 파리에서 남편을 공부시키겠다는 포부는 자신을 향해야 할 꿈이 과녁을 빗나간 것이다.

그녀에게 필요했던 건 자아실현이라고 생각한다. 배우로서 실패했을지라도 다른 가능성을 찾아야 하지 않았을까. 그러나 영화의 배경이 1950년대라는 것을 감안할 때 비록 거기가 뉴욕일지라도 아이를 둘이나 키우면서 여자가 뭔가를 자발적으로 해내기가 얼마나 어려웠을지 짐작이 간다. 자기를 위해 뭔가 새로운 시도를 한다는 것은 내조와 양육의 의무를 팽개치는 것이기에 그녀는 남편을 공부시키겠다는 미명하에 변화를 감행하려 했던 것이다. 그리고 1950년대의 꿈꾸는 여인의 고통은 반세기도 넘어 여기 한국에서도 똑같이 진행중이다.

나 자신으로서 온전하게 살아가기

한편으로는 이런 생각도 든다. 그토록 '실현'되어야 할 '자아'란 대체 무엇인가? 인류가 계몽주의 시대를 거쳐 어렵게 민주주의와 여권 신장을 이루는 지난한 과정 속에서 철학은 개인의 '개성'과 '자아'에 너무나 큰 의미를 부여했다.

그 결과 20세기의 인간은 이전 시대의 인류 대다수가 생각할 필요가 없었을 자아에 지나치게 몰두하게 되지 않았나 싶다. 실현해야 할 자아는 자유로운 인간에게 주어지는 특권이기에. 그런데 정작 자아실현의 구체적인 내용으로 들어가보면 그것만큼 모호한 것이 없다. 그것은 때로 신기루처럼 보이기도 한다. 흔히 예술가가 되고 싶은 열망, 특별한 직업을 갖고 싶다는 꿈이 곧 자아실현으로 여겨지는데 과연 그러한가? 이 같은 자아실현은 그것을 이루지 못했을 때 그것을 삶의 실패로 규정해버리는 결과를 낳는다. 주인공 에이프릴의 경우가 바로 그렇다고 생각한다.

영화의 배경이 지금으로부터 약 60년 전인 1950년대라는 사실도 여러 가지 생각을 하게 한다. 출근시간에 맨해튼의 펜 스테이션으로 우르르 쏟아져 나오는 넥타이 부대들의 모습은 중절모를 썼을 뿐, 여의도나 삼성동으로 아침마다 쏟아지는 출근 인파와 똑같다. 산업화와 자본주의, 지금 한참 진행중인 신자유주의와 글로벌라이제이션의 섬뜩한 결과물이다. 그것과 선명히 대비되는 에이프릴의 '특별함'에 대한 열망. 레볼루셔너리 로드, 혁명의 거리, 그러나 아무 혁명도 일어나지 않았다.

마지막으로 이 영화가 나에게 선명하게 남긴 메시지는 내 욕망을 배우자에게 투사할 때 부부관계는 비극이 된다는 사실이다. 부부는 일심동체가 아니다. 우리는 개체로서 전혀 다른 인간이다. 나의 자아는 내가 실현해야 하지, 배우자가 실현해줄 수 있는 것이 아니라는 것이다. 내가 나로서 온전할 때 우리가 같이 손잡고 나란히 걸어갈 수 있다.

케이트 윈슬렛과 레오나르도 디카프리오가 어쩌나 연기를 실감 나게 잘하는지 두 배우 모두 최고의 연기를 선보였다고 생각한다. 작품의 후반부로 갈수록 절정의 연기를 보여주는데 영화를 보는 게 아니라 소설을 읽는 것 같은 느낌이 들 정도였다. 소설이라면 길게 묘사되었을 인물의 내면을 얼굴과 온몸으로 생생하게 전달해 잊혀지지 않는 명장면을 남겼다.

세상에는 남들과 똑같이 살려고 애쓰는 다수와 남들과 다르게 살려고 애쓰는 소수가 있다. 이전 시대의 여자들이 모두 똑같이 살려고만 했다면 20세기 페미니즘 비평의 선구자인 버지니아 울프 같은 작가는 나오지도 못했을 것이다. 그리고 버지니아 울프처럼 되려고 노력했지만 그러지 못하고 좌절한 수많은 여자들 속에 에이프릴이 있다고 생각한다면, 그녀를 단순히 멀쩡한 가정을 파탄 낸 미친 여자로 단죄할 수는 없을 것이다.

영화로 나를 만나는 시간

Q. 당신이 생각하는 특별한 삶은 어떤 건가요?
그 삶에는 어떤 가치가 있나요?

이 비극은 끝나야 한다

영화 〈미씽: 사라진 여자〉

미스터리, 가족 | 한국 | 100분 | 2016. 11. 30 개봉 | **감독** 이언희
주연 엄지원, 공효진

늦은 밤, 혼자 〈미씽: 사라진 여자〉 영화를 보고 잠자리에 누웠으나 쉬이 잠이 오지 않았다. 순진무구한 얼굴로 깊은 잠에 빠져 있는 아이를 바라보는데 가슴이 찡해지며 절로 기도가 흘러나왔다. 아이를 잃고 불행과 고통에 빠져 있는 세상의 모든 엄마들을 위한 기도였다.

양육에 관해서라면 거의 모든 책임을 엄마에게 미루면서 동시에 누군가에게서는 엄마로서 자식을 지킬 기본적인 권리마저 빼앗는 이 사회의 모순에 울분이 치밀었다.

아이를 납치한
보모의 실체

영화 〈미씽: 사라진 여자〉는 보모에게 유괴된 아이를 찾는 엄마의 피 말리는 추적기를 다룬 미스터리 장르물이다. 그러나 이야기는 착한 주인공이 여러 난제를 해결하며 마침내 범죄자의 손에서 딸을 구해낸다는 장르적 컨벤션에 머무르지 않는다. 딸을 찾는 과정이 곧 납치범인 보모의 뼈아픈 사연을 드러내는 과정이 되게 함으로써 관객이 미워해야 할 가해자에게 감정을 이입하게 만들며 가해자를 피해자와 동일선상에 두고 보게 만든다. 그렇게 관객의 시선을 두 여자가 놓여 있는 외적 환경으로 옮겨놓는데, 이게 마치 '이 모든 비극의 진짜 가해자는 누구인가?' 하고 묻는 것만 같았다.

생각할수록 희한한 일이다. 여자가 남편과 살고 있을 때는 아이는 엄마가 키워야 한다고 하면서 왜 이혼을 하려고 하면 친권과 양육권은 아버지가 갖는 게 맞다고 하는 걸까? 전 남편과 양육권 소송중에 있는 지선의 삶은 너무나 고달프다. 이제 막 돌 지난, 아직 걷지도 못하는 딸을 보모 한매에게 맡겨두고, 상사로부터 애엄마라 일을 제대로 못한다는 욕을 들어가며 돈을 벌어서 소송비와 보모 급여, 생활비를 감당해야 한다. 최선을 다하며 살고 있는

데 법은 쉽사리 지선의 편을 들어주지 않는다. 야근을 밥 먹듯이 해야 하는 드라마 제작사에서 일하는 탓에 어린 딸을 제대로 볼 시간도 없이 그녀는 숨 가쁘고 불안한 하루하루를 보내고 있다.

그런데 이 가엾은 여자가 믿고 의지하던 보모에게 아이를 납치당한 것이다. 납치 사건이 양육권 소송 때문에 벌인 자작극으로 의심받자 지선은 직접 보모 한매와 딸을 찾아 나선다. 그런데 사라진 한매에게 다가갈수록 지선과 관객이 알게 되는 건 외국인 아내로서, 한 아이의 엄마로서 한매가 겪은 끔찍한 고통의 실체다. 지선이 겪고 있는 고통을 압도해버리는 한매의 비극 앞에서 그저 같이 우는 것 외에는 아무것도 할 수가 없었다.

엄마 노릇을 할 수 없는 현실

외국인 아내로 한국살이를 시작한 한매는 시어머니와 남편에게 심한 학대를 당했다. 그런중에 딸아이를 출산했는데 아이가 난치병에 걸린 것이다. 비정한 시어머니와 남편은 아이가 딸이라는 이유로 치료를 거부한다. 자식을 살리고 싶었던 한매는 딸을 데리고 야반도주를 하는데 아이를 입원시키고 보니 한국의 법

미씽:
사라진 여자

한매는 자신이 딸처럼 키운 지선의 아이를 차마 죽음으로 끌고 갈 수가 없다.

여자가 남편과 살고 있을 때에는
애는 엄마가 키워야 한다고 하면서
왜 이혼을 하려고 하면 친권과 양육권은
아버지가 갖는 게 맞다고 하는 걸까?

은 그녀가 엄마 노릇을 할 수 없게 한다. 한국인 친부의 동의 없이는 수술도 입원도 불가능한 것이다. 아이의 치료비를 마련하고자 몸을 팔아 모은 돈을 남편에게 쥐어주며 어렵게 수술 동의를 받은 후 치료비가 다급해진 한매는 자신의 장기를 판다.

그러나 장기를 판 대금을 받기로 한 날, 돈을 갖다 주기로 한 사람은 늦고, 병원 측은 조금도 기다려주지 않고 가차 없이 한매와 어린 딸을 내쫓아버린다. 결국 한매는 차가운 길바닥에서 딸의 죽음을 맞이한다. 한매가 아이를 잃고 울부짖는 장면이 떠올라 절로 눈물이 난다. 이 영화는 한매와 지선을 통해 살아서 지옥을 경험한다는 것이 정말 어떤 건지 생생하게 보여준다.

한매와 그녀의 딸이 매몰차게 쫓겨난 그 자리에 지선의 딸이 입원한다. 지선의 전 남편이 같은 병원의 의사인데 딸이 아픈 줄도 모르고 내연녀와 있다가 뒤늦게 나타나 급하게 병실을 마련하느라 무리해서 한매와 그녀의 딸을 쫓아낸 것이다. 한매와 지선의 악연은 이렇게 시작되었다.

마침내 지선은 한매를 찾아낸다. 한매는 지선의 딸을 자기 딸로 키우려고 했나 보다. 아이를 데리고 중국으로 가는 배에 올랐다가 지선과 경찰 일행에게 붙잡힌다. 한매는 지선의 딸과 바다에 투신하려고 하지만 자신이 친딸처럼 키운 아이를 차마 죽음으로 끌고 갈 수는 없다. 아이를 돌려주고 더이상 살 희망이 없어진 그녀는 바다로 투신한다. 놀랍게도 지선은 한매를 살리고자 바다로 뛰어든다. 딸을 찾는 과정에서 알게 된 한매의 아픔과 절망에 깊이 공감했기 때문이다. 누가 한매에게 돌을 던질 수 있을까? 그러나 한매는 지선이 내민 손을 뿌리치고 더 깊은 바다 속으로 빠져든다.

개인의 어리석음과 불운 탓이 아닌 비극

지선은 드디어 딸을 만난다. 불과 며칠 전만 해도 걷지 못했던 아이가 일어서서 엄마에게 걸어온다. 감격스러운 장면이다. 그런데 지선은 양육권을 지킬 수 있을까? 영화는 지선과 딸의 감동적인 만남의 순간에 막을 내리지만 앞으로 지선이 맞닥뜨릴 현실은 전혀 녹록치 않을 것이 분명하다. 신분도 제대로 알아보지 않고 보모를 고용해서 아이를 위험에 빠뜨린 데다 양육권을 갖는다고 해도 일하느라 바빠서 아이를 하루 종일 남의 손에 맡겨야 하는 현실은 달라지지 않을 테니까. 아버지도 바쁘긴 마찬가지인데 말이다.

누군가 말했다. "그러니까 여자는 남자를 잘 만나야 한다고." 지선과 한매가 자식을 지키기 위해 겪은 고난이 남자 보는 눈이 없는 그들이 자초한 것이라는 말로 들린다면 내가 과민한 걸까? 그게 아니라 결혼 운이 나빴다는 걸 뜻한다 해도 이게 그저 팔자 탓으로만 돌릴 수 있는 일일까? 지선과 한매가 겪은 비극은 그들 개인의 어리석음과 불운 탓이 아니다.

지선이 유급 육아휴직을 쓸 수만 있었어도, 법이 아버지가 양육권을 갖는 게 유리하도록 되어 있지 않았다면, 어린 딸을 보모에게 맡기고 일터로 나가진 않았을 것이다. 법이 외국인 엄마를 아이의 보호자로 인정해주었다면, 또 병원이 돈 없는 사람들도 인도적인 차원에서 먼저 치료부터 해주는 사회제도적 여건만 갖춰져 있었어도 한매는 그렇게 비참하게 아이를 잃지 않았을 것이다.

언제까지 여자와 자식의 운명이 남편이자 아버지인 남자 개인의 도덕성과 양심에 좌우되어야 하나? 영화는 끝났지만 영화가 묘사한 현실은 지금도 계속되고 있다. 오늘도 이곳저곳에서 다른 이름의 지선과 한매가 같은 고통에 시달리고 있다. 이 여자들의 이야기는 이제 정말로 막을 내려야 한다. 그러기 위해선 내가, 우리가 무력한 관객으로 남아서는 안 될 것이다.

영화로 나를 만나는 시간

Q. 남편과 아버지가 사라진다면 지금 내 삶에 어떤 변화가 생길까요?

미씽:
사라진 여자

지선은 한매가 아이를 데리고 영영 사라져 버릴까봐 두려움에 휩싸인다.

지선이 유급 육아휴직을 쓸 수만 있었어도,
법이 아버지가 양육권을 갖는 게 유리하도록 되어 있지 않았다면,
그녀는 그렇게 어린 딸을 보모에게 맡기고
일터로 나가진 않았을 것이다.

일탈을 부르는 삶의 조건

영화 〈테레즈 라캥〉

범죄, 드라마, 스릴러 | 미국 | 107분 | 2014. 07. 10 개봉 | **감독** 찰리 스트레이턴
주연 엘리자베스 올슨, 오스카 아이삭, 톰 펠튼

무료한 오후, 별 생각 없이 웹서핑을 하다가 우연히 발견한 영화 〈테레즈 라캥〉의 포스터가 내 눈길을 사로잡았다. 손으로 남자의 얼굴을 꼭 붙들고 입맞춤을 하는 젊은 여인의 표정에서 고통이 드러나고 있었다. 무슨 사연이 있는지 몹시 궁금하게 만드는 그 한 장의 사진에 이끌려 주저하지 않고 바로 영화를 시청했다. 주인공 테레즈의 이야기는 사람으로 태어난 여자가 사람답게 살기가 얼마나 어려울 수 있는지를 보여주며 지금 여기서 여자로 살아가는 내 현실을 돌아보게 만들었다.

일탈할 수밖에 없는
삶의 조건

제목을 보고 단박에 에밀 졸라의 동명 소설을 원작으로 했다는 건 알았지만 아직 읽어보지는 않았다. 그토록 유명한 고전명작을 왜 여태 읽지 않았는지 스스로도 의아했지만 영화를 보면서는 원작을 읽지 않기를 잘했다는 생각이 들었다. 캐릭터에 대한 선입견이 없었기에 영화에 나오는 모습 그대로 받아들일 수 있었다. 주인공 테레즈의 성적 욕망을 전면에 내세운 범죄 스릴러 영화이건만, 영화를 보는 내내 나는 '삶의 조건'에 대해 거듭 생각하지 않을 수 없었다.

비록 이런저런 불평과 불만을 안고 21세기를 살고 있지만 19세기에 여성으로 태어나지 않은 것이 얼마나 다행인지 영화를 보고 이 글을 쓰는 지금도 진심으로 감사하다. 자신의 삶에 자신의 의지가 단 1%도 반영될 수 없다면 그러한 조건 속에 놓인 인간이 삶을 지속하기 위해 할 수 있는 일에는 뭐가 있을까?

'일탈'

나의 의지와는 무관하게 내 삶을 규정하는 모든 것의 눈을 속이고, 그러한 속임이 가능한 범주 안에서 자신에게 허용되지 않은 일을 함으로써 스스로를 만족시키는 일이다. 유부녀인 테레즈가 가족과 이웃들의 눈을 속이고 내연남인 로랑과 벌인 애정행각은 '구원으로서의 일탈'이었다. 그녀의 행동에 도덕적 잣대만 들이댈 수 없는 이유는 그것이 희망 없는 삶을 단속적으로나마 지속하기 위한 '연약한 방편'이었음을 알기 때문이다.

가엾은 테레즈는 일찍이 어머니를 여의고 아버지의 손에 이끌려 고모 집에 얹혀살게 되었다. 고모는 병약한 자신의 아들 까미유 밖에 모르고 테레즈는 그 집안의 일손이 되어, 사촌오빠의 병시중을 들며 하녀처럼 성장한다. 언젠가 아버지가 자신을 데리러 올 거란 믿음으로 버텨왔지만 아버지의 부음이 전해지고, 테레즈는 고모의 강요로 사촌오빠 까미유와 결혼을 한다.

수중에 돈도 한 푼 없고, 교육도 받지 못한 테레즈의 삶에는 자유의지가 설 자리가 없다. 테레즈는 가출을 시도해보지만 그 경험은 오히려 테레즈에게 자기 삶의 한계를 뼛속까지 깨닫게 한다. 밥이라도 먹고, 목숨이라도 부지하려면 고모네 집에 사는 수밖에 없다. 고모의 말처럼 테레즈는 까미유의 천사, 즉 그의 수발을 드는 인생으로 삶의 항로가 딱 정해져 있다.

자유의지가 반영되고 충족되는 기쁨

차라리 자아도, 욕망도 없는 가축이라면…. 그녀를 보면서 생각할 능력과 자유의지라는 게 있는 인간이라는 것이 외려 족쇄로 느껴져 질식할 거 같은 답답함을 느꼈다. 말 잘 듣는 순종적인 테레즈로 살면서 고모와 까미유의 전적인 신뢰를 얻은 테레즈는 나중에 까미유의 친구 로랑을 만나 대범하게 부부의 침실에서 애정행각을 벌이려 하고, 망설이는 로랑에게 "자신이 그들을 길들였다고, 그들은 전혀 의심하지 못할 거라고" 하는데 나는 그 말이 너무 가슴 아팠다. 그것은 그녀의 지난 삶이 얼마나 순종적이었는지를 역설하기 때문이다.

테레즈에게 왜 다른 방법을 찾지 않았냐는 질문을 던질 수는 없다. 테레즈는 자신의 욕망을 (그것이 무엇이건) 건전한 방식으로 실현해 본 경험이 전혀 없고, 그녀의 삶엔 자립을 위한 기본적인 여건인 경제력과 교육이 전혀 뒷받침되지 않았다. 그런 걸 요구할 여지조차 없었던 것이다. 테레즈가 남달리 성욕이 강하다고 볼 수도 없다. 오히려 성적 욕망을 남몰래 충족하는 것만이 유일하게 가능했기에 그런 일탈을 감행했다고 보는 것이 옳다.

테레즈는 로랑과 만나면서 점점 더 다른 삶을 살아보고 싶다. 그

테레즈 라캥 : 테레즈는 고모와 까미유 몰래 롤랑을 만나면서 점점 자유를 꿈꾼다.

테레즈가 로랑과 벌인 애정행각은 '구원으로서의 일탈'이었다.

그녀의 행동에 도덕적 잣대만 들이댈 수 없음은

그것이 희망 없는 삶을 단속적으로나마 지속하기 위한

'연약한 방편'이었음을 알기 때문이다.

가 그녀의 아름다움과 내면의 욕망을 알아봐주기 때문이다. 단순히 남자 구실 못하는 까미유가 싫은 게 아니다. 로랑과 섹스를 하며 테레즈는 자유롭게 자신을 풀어놓는다. 거기서 난생 처음으로 자신의 의지가 반영되고 충족되는 기쁨을 경험하는 것이다. 삶에 대한 희구가 내포된 위태로운 몸짓이다.

결국 테레즈와 로랑은 결혼하기 위해 까미유를 사고사로 위장해 죽인다. 이혼만 할 수 있었어도 이렇게 극단적인 선택을 했을까? 그러나 천성이 악하지 못했던 이들은 죄책감에 시달리다 결국 동반자살을 하는 것으로 삶의 막을 내린다.

진정한 삶을 향한 갈망

범죄 이후 괴로워하는 테레즈와 로랑을 보는 내내 착잡했다. 범죄도 아무나 저지를 수 있는 게 아니구나 싶고, 요즘엔 보험금을 노리고 배우자나 가족을 죽이고도 아무렇지 않게 잘 사는 경우도 많은데 스스로 죄책감을 느끼고 자결하다니 그야말로 19세기적인 인간상이구나 싶었다. 사이코패스와 소시오패스에 의한 끔찍한 범죄가 영화와 현실, 양쪽 모두에서 서슴지 않고 벌어지는 걸 일상으로 경험하는 중에 죄책감으로 괴로워하는 캐릭터라니 참으로 순진해 보이고, 외려 신선했다.

죽음을 앞둔 까미유와 로랑은 마지막으로 키스를 나눈다. 키스를 하는 그녀의 표정에서 말로 형용할 수 없는 어떤 간절함과 깊이를 알 수 없는 슬픔이 진하게 묻어난다. 이러한 간절함, 슬픔이 궁극적으론 '진정으로 살고 싶다'는 갈망과 연결되어 있다고 느꼈다. 그저 목숨을 부지하는 그런 삶이 아니라, 자기 내면에 충실하게 살아가는 삶 말이다. 명장면이다.

테레즈 역을 맡은 엘리자베스 올슨의 섬세하고 밀도 높은 연기가 테레즈를 단순한 불륜녀로 단죄하지 못하게 만들었다. 인간으로 태어나 남자와 똑같이 욕망이 있고, 자아의 꿈틀거림을 느끼면서도 그냥 주어진 조건대로만 살아야 했던 이전 시대의 여성들을 생각해본다. 얼마나 많은 여자가 테레즈처럼 살다 죽었을까? 21세기인 지금도 테레즈 같은 조건에 놓여 있는 여자들은 또 얼마나 많은가? 그녀의 죄가 엄중함에도 쉽게 단죄할 수 없는 이유가 여기에 있다.

영화로 나를 만나는 시간

Q. 내가 가진 자유로 날 위해 무엇을 하고 있나요?
만약 자유롭지 못하다면 무엇 때문인가요?

테레즈 라캥 : 테레즈와 롤랑은 까미유를 죽이고 결혼에 성공하지만 죄책감을 이기지 못한다.

죽음을 앞둔 까미유와 로랑은 마지막으로 키스를 나눈다.
키스를 하는 그녀의 표정에서 말로 형용할 수 없는 어떤 간절함과
깊이를 알 수 없는 슬픔이 진하게 묻어난다. 이러한 간절함, 슬픔이
궁극적으론 '진정으로 살고 싶다'는 갈망과 연결되어 있다고 느꼈다.

그 여자의 우물

영화 〈종이달〉

드라마, 서스펜스 | 일본 | 126분 | 2015. 07. 23 개봉 | **감독** 요시다 다이하치
주연 미야자와 리에, 이케마츠 소스케, 오오시마 유코

서스펜스 장르물을 좋아하는 편이 아닌데도 영화 〈종이달〉을 보지 않을 수 없었다. 물론 영화가 재미있다는 입소문이 자자했지만, 1991년 '산타페'라는 누드집으로 세상을 발칵 뒤집었던 전설적인 미소녀 미야자와 리에가 중년의 연기파 배우가 되어 이 작품에 등장한다는 사실에 더 흥분했던 거 같다. 이 영화는 평범한 주부인 한 여자가 금융 사기범으로 변해가는 과정을 담았다. 여타의 일본 영화와 달리 이야기의 전개 속도가 빠르고 그에 따른 인물의 변화가 흥미진진해서 보는 내내 긴장하며 재미있게 보았지만 한편, 인물의 심리가 선뜻 이해가 되지 않아서 답답하고 안타까웠다.

삶의 기쁨을 느끼려는 작은 몸부림

전업주부인 리카는 착하고 다정다감하지만 일 때문에 늘 바쁜 남편에게 묘한 소외감을 느낀다. 결혼한 지 4년 정도 지났지만 이들 사이엔 아직 아이가 없다. 은행에서 파트타임 직원으로 일하던 리카는 계약직 사원이 되고 기뻐한다. 일을 통해 성취감을 느끼고 싶은 것처럼 보이기도 하지만 그렇다고 뚜렷한 목표의식이 있는 건 아니다.

리카의 남편은 수완이 좋은 직장인으로 이들 부부에겐 경제적 어려움도 없다. 그런데 무엇이 이 안정된 삶으로부터 그녀를 궁지로 몰아갔을까? 영화를 보고 리카의 행동이 완전히 이해되지는 않았지만 그녀의 일탈이 삶의 기쁨을 느끼기 위한 작은 몸부림에서 시작된 게 아닐까 하는 생각이 들었다. 물론 매우 잘못된 선택이지만 말이다. 그렇다면 삶의 기쁨은 뭘까? 저마다 다른 답을 가지고 있겠지만 주인공 리카의 경우엔 다른 사람을 행복하게 해주는 데 있었던 것 같다. 나로 인해 행복하게 웃는 누군가를 보는 것, 내가 그의 삶에 기여한다는 느낌말이다.

영화는 학창 시절 리카의 모습으로 시작한다. 천주교에서 운영하는 중학교를 다니던 리카는 큰 재난으로 인해 어려움에 처한 해

종이달 : 자전거를 타고 고객들을 찾아다니며 성실하게 일하던 은행원 리카의 삶이 조금씩 궤도를 이탈한다.

삶의 기쁨은 뭘까?
저마다 다른 답을 가지고 있겠지만
주인공 리카의 경우엔 다른 사람을
행복하게 해주는 데 있었던 것 같다.

외 어린이들을 돕는 학교의 모금운동에 깊은 감명을 받는다. 그녀는 자신이 후원하는 아이에게서 오는 편지를 소중히 간직하며 모금운동에 마음을 쏟는다. 그러나 그런 리카와 달리 반 친구들은 시간이 지나자 점점 그 일에서 멀어져 간다. 안타까움을 느끼던 리카는 반 친구들의 몫까지 내기 위해 아버지의 지갑에서 돈을 훔치고 그 일로 인해 학교의 모금운동 자체가 중단되고 만다.

현재의 리카는 계약직 사원이 되고 받은 첫 월급으로 남편에게 손목시계를 선물한다. 커플 아이템으로 자신의 것과 같은 디자인의 시계다. 비싼 것은 아니지만 첫 월급으로 하는 의미 있는 선물이다. 그러나 경제적으로 여유 있는 남편은 고마워는 하지만 아내가 하는 일을 소일거리 정도로 생각하며 그 가치에 큰 의미를 두지 않음이 분명해보인다. 며칠 후 남편은 보너스를 받고 즐거운 마음으로 아내 리카에게 명품 시계를 선물하는데 선물을 받아든 리카의 모습은 어딘지 주눅이 들어보였다.

그러던 어느 날, 리카는 대학교 등록금을 낼 수 없어 사채를 쓴다는 한 남학생을 돕기 위해 고객의 돈에 손을 대기 시작한다. 불우한 해외아동에게 성금을 보내기 위해 아버지의 돈을 훔쳤던 것처럼. 시작은 학비였지만 그 학생을 기쁘게 하는 각종 선물을 사주기 위해, 그 학생과 즐거운 시간을 보내기 위해, 그 학생의 사랑을 받기 위해 리카는 점점 더 큰 돈이 필요하게 된다.

가슴 속에 존재하는 작은 우물

조신하면서도 어딘지 소심해보이고, 예쁘지만 다소 멍청해보이고, 나쁜 일이라곤 무서워서라도 못할 거 같은 그런 얼굴로 점점 대담한 범죄를 실행해나가는 리카를 보면서 과연 사람이란 알 수가 없는 존재인가 싶었다. 시간이 지날수록 리카의 일상은 파괴되어 간다. 남편을 속이고, 직장 동료들을 속이고 끝이 보이는 진흙탕 속으로 빠져들어 간다.

매일이 비슷한 결혼생활과 직장생활의 쳇바퀴 속에서 이런 일탈이 주는 짜릿한 쾌감과 긴장감은 어쩌면 리카에게 중독성이 강한 마약이 되었는지도 모르겠다. 누군가를 기쁘게 해주고 싶다는 선한 마음이 범죄로 이어지는 과정이 안타까웠다. 일탈을 할 때 그녀는 능동적이고 주도적으로 삶을 이끄는 것처럼 보였다. 그것은 결코 수습될 수 없는 일이었다. 사실 그녀를 이해하려고 노력했지만 나로서는 분명 받아들이기 힘든 부분이 있었다. 과연 그것밖에 방법이 없었을까?

난 누구나 가슴에 작은 우물을 하나씩 간직한 채 살고 있다고 생각한다. 그 우물이 우리를 활기차게 만드는 기쁨의 생명수로 늘 가득 차면 좋겠지만 어른이 되어 현실을 살아가다 보면 대체로 우물은 텅 비고 마지막에는 그것을 무엇으로 채워야 할지 모르는 상황이 되기도 한다.

대부분은 빈 우물을 의식할 만큼의 여유도 갖지 못한 채 기계적으로 살아내기 바쁘지만 문득 빈 우물의 존재를 의식하게 될 때 우리는 무엇으로 그걸 채워야 할까? 살아 있다는 기쁨을 누리기 위해 우리는 무엇을 해야 할까? 아니 무엇을 할 수 있을까? 리카의 가슴속에 생긴 커다란 동공 같은 빈 우물을 가만히 상상해본다. 그녀의 행동을 편들 생각도 없고 딱히 동정심을 느끼는 것도 아니다. 하지만 남편이 선물한 명품 시계를 손에 들고 애매한 표정을 짓던 얼굴과 낯선 이국땅에서 인파 속으로 사라지던 그 뒷모습만은 두고두고 기억에 남을 것 같다.

그림으로 그린 바다에 뜨는 종이달도,

그대가 나를 믿어 주면 진짜로 보이지요.

만든 나무에 걸린 그림 속의 하늘도,

그대가 나를 믿어 주면 진짜로 보이지요.

그대의 사랑이 없으면

그것은 값싼 축제에 불과해요.

그대의 사랑이 없으면

그것은 놀이터의 멜로디라오.

그것은 서커스의 세계,

만든 물건에 불과해요.

그러나 그대가 나를 믿어주면

진짜가 되어 버리지요.

- 해롤드 알렌(Harold Arlen)의 〈이츠 온리 어 페이퍼 문(It's Only A Paper Moon)〉 노래 가사 중.

영화로 나를 만나는 시간

Q. 나의 마음을 돌보는 일에 인색하진 않나요?
나에게 지금 꼭 해주고 싶은 선물이 있다면 무엇인가요?

종이달 | 리카는 평범하고 안전해 보이는 삶으로부터 스스로 멀어지지만 그럼에도 공허해 보인다.

우리는 무엇으로 마음속 빈 우물을 채워야 할까?
살아 있다는 기쁨을 누리기 위해 우리는 무엇을 해야 할까?
아니 무엇을 할 수 있을까? 리카의 가슴속에 생긴
커다란 동공 같은 빈 우물을 가만히 상상해본다.

몰락의 근원

영화 〈블루 재스민〉

드라마, 코미디 | 미국 | 98분 | 2013. 09. 25 개봉 | **감독** 우디 앨런
주연 케이트 블란쳇, 알렉 볼드윈, 샐리 호킨스

영화 〈블루 재스민〉은 캐릭터 영화의 진수를 보여준다. 제목이 암시하듯이 영화는 우울한, 우울할 수밖에 없는 재스민이란 캐릭터를 보여주는 데 집중한다. 사건과 상황은 주인공이 정말 어떤 사람인지를 드러내기 위한 장치가 되어 그 안에서 반응하는 인물의 심리를 해부하듯 드러낸다. 재스민 역할을 맡은 케이트 블란쳇이 말 그대로 인생 연기를 보여줘서 영화가 전개되는 내내 그녀가 느끼는 감정에 사로잡혀 가슴을 진정시킬 수 없었다. 재스민의 이야기가 내게 강렬한 이유는 "삶의 뿌리를 어디에다 두고 살아야 하는가?" 라는 질문을 도발하듯이 던지기 때문이다.

무지로 지탱해 온 삶

재스민은 뉴욕에서 최고 상류층의 삶을 살다가 몰락한 후 샌프란시스코에서 자신과는 대극점에 존재하는 것처럼 보이는 하류층의 삶을 사는 여동생 진저의 집에 얹혀 지내게 된다. 영화는 화려했던 과거의 재스민과 현재의 재스민을 교차적으로 보여주면서 그녀가 지금의 삶에서 느낄 수밖에 없는 괴리감과 고통을 실감나게 묘사한다. 흥미로운 점은 한눈에 보기에도 고급스럽고, 우아하며, 지적이고, 교양 있고, 세련된 재스민의 삶이 무엇으로 지탱되어 왔는가 하는 것이다. 그것은 아이러니하게도 무지ignorance다.

그녀는 자기 삶의 표피를 장식하고 있는 그 화려한 세계를 유지하기 위해 그것을 가능하게 한 남편의 사업과 돈 그리고 부부관계의 진실을 알려고 하지 않았다. 알고 싶지 않았기에 외면했다는 것이 더 정확하겠다. 사업가인 남편은 엄청난 사기꾼이었고, 사기를 쳐서 번 돈으로 상류층의 삶을 살았다. 그녀는 남편이 부도덕한 짓을 해서 돈을 벌고 있다는 걸 알았다. 하지만 사실을 인정한 후에 자신이 감당해야 하는 도덕적 책임을 회피하기 위해, 더 솔직하게는 화려한 삶을 포기할 수 없어서 스스로를 무지의 상태로 이끈 것이다.

자발적으로 무지해진 재스민은 남편이 자신을 상대로 부도덕한 짓을 하는 것도 보지 못하게 된다. 그녀는 주변에 의해 남편의 외도 사실을 알게 된다. 재스민은 여자로서의 명예가 실추된 사실만으로도 괴로운데 남편은 그 내연녀를 진심으로 사랑한다고 말한다. 배신감에 크게 분노한 재스민은 어리석고 놀랍게도 남편의 사업 비리를 FBI(미국연방수사국)에 폭로해버린다. 그게 자기파멸의 길인 줄 미처 생각하지 못한 채 말이다.

보이는 삶이 자신의 전부인 사람

그렇게 모든 것을 잃고, 땡전 한 푼 없는 신세가 되어 원래 살던 집의 거실보다 작아 보이는 동생네 집에 얹혀있으니 재스민이 넋을 놓을 만도 하지 않은가. 재스민은 하류층의 삶을 살면서도 현재의 자기 모습을 전혀 인정할 수가 없다. 그녀가 술과 신경안정제에 의존해 쉴 새 없이 혼잣말을 하는 모습은 너무 적나라해서 눈을 돌리고 싶게 하지만 결국 강력하게 시선을 고정시킨다. 어떻게든 노력해서 제대로 된 직업도 갖고, 비슷하게나마 예전의 삶의 모습을 되찾고 싶지만 현실은 전혀 호락호락하지 않다.

블루 재스민 재스민은 남편도, 돈도, 명예도 모두 다 잃고 추락한 자신의 현실을 받아들이지 못해 술과 신경안정제에 의존한다.

그녀는 자기 삶의 화려함을 유지하기 위해
그것을 가능하게 한 남편의 사업과 돈
그리고 부부관계의 진실을 알려고 하지 않았다.
알고 싶지 않았기에 외면했다는 것이 더 정확하겠다.

그녀는 너무 오랫동안 남편의 능력에 의존해 소비적인 인생을 살아왔고, 자기 힘으로 돈을 벌어서 먹고 사는 것이 거의 불가능한 사람이 된 것이다. 그리하여 본능적으로 자기에게 그런 삶을 되찾아줄 남자를 찾으려 하고, 또 아주 운 좋게 전 남편만큼은 아니지만 꽤 그럴싸한 인생을 살게 해줄 남자를 만나게 된다. 하지만 자신의 과거를 속인 게 들통이 나는 바람에 그마저도 망치게 된다.

이렇게 풀고 보니 재스민이 '생각 없는 된장녀' 같이 느껴질 수도 있다는 생각이 든다. 그런데 영화를 보는 동안에는 그녀의 행동에 대해 어떤 도덕적 판단도 하지 않았고, 그저 연민을 느꼈다. 누군들 화려한 삶을 살고 싶지 않을까. 그 화려함을 눈으로 직접 보니 오히려 그게 얼마나 놓기 어려운 것인지 이해가 갔다. 보이는 삶이 자신의 전부인 사람들, 거짓과 속임수를 써서라도 유지하고 싶은 화려한 삶, 그에 반해 재스민의 여동생 진저는 자기 삶의 실체는 파악하고 사는 것처럼 보인다.

식료품 가게의 계산대 직원으로 일하며 두 아이를 키우는 싱글맘인 그녀는 가난해서 고달프지만 정비공인 남자친구와 데이트도 하며 소소한 즐거움이 있는 삶을 산다. 그러나 이 역시도 결코 녹록한 삶은 아니기에 재스민은 자기 주제도 모르고 동생의 삶에 훈수를 둔다. 이 영화는 모래성 같은 상류층의 삶보다 가난해도 가식 없이 사는 하층민의 삶이 더 진정성 있다는 식의 진부한 메시지를 말하지 않는다. 다만 양극에 있는 자매의 삶을 보여주면서 '그렇다면 어떻게 살아야 하는가?'라는 생각을 하게 할 뿐이다.

재스민이 몰락한 이유

재스민을 보는 동안 테네시 윌리엄스의 희곡 〈욕망이라는 이름의 전차〉의 주인공 블랑쉬가 떠올랐다. 알고 보니 우디 앨런 감독이 그 작품을 모티브로 이 영화를 만들었단다. 하지만 희곡 속의 블랑쉬는 거친 현실에 유린당하는 이상주의자처럼 이해되는 반면 이 영화의 재스민은 '삶의 진실에 대한 자발적 무지'로 인해 고통받는 것으로 보인다.

너무 오랫동안 생각 없이 살면 결국 자기가 누구인지, 삶에서 무엇이 정말 중요한지를 잊는 정도가 아니라 아예 그런 질문을 던질 수 있는 능력조차 사라지는 것 같다. 재스민의 몰락은 생각하며 살지 않고 사는 대로 생각한 것에 따른 결과가 아닐까? 고통과 시련이 사람을 성숙하게 한다고 하지만 그게 다 맞는 말 같지도 않다. 실제로 재스민 같이 그냥 완전히 무너지는 경우도 상당히 많지 않겠는가? 그녀는 다른 사람의 힘으로 마련된 꽃밭에서 꿀만 맛보며 살았고, 그러는 동안 자기 힘으로 삶을 만들어갈 현실적인 능력을 완전히 잃어버렸다.

그녀의 이야기는 남편이든, 부모든, 자식이든, 누군가에게 자기 삶을 통째로 위탁하는 것은 스스로 자신을 버리는 행위나 다름없다고 말한다. 엔딩 장면에서 실성한 듯한 재스민의 얼굴이 클로즈업 된다. 나는 그 표정을 오래도록 잊지 못할 것 같다. 피곤하다는 이유로 사는 것에 대해 생각하기를 포기하고 싶어질 때마다 나를 각성하게 할 몰락의 얼굴이다. 세상에 화려하기만한 인생은 없다.

영화로 나를 만나는 시간

Q. 요즘 무슨 생각을 가장 많이 하나요?
괴로워서 회피하고 있는 문제가 있지는 않나요?

거울에 비친 내 얼굴에서 노화의 징후를 마주할 때마다
아직도 죽음을 두려워하는 아흔아홉 살 외할머니를 만날 때마다
노모와 손주들을 동시에 돌보느라 힘겨워하는 엄마를 볼 때마다
마음속에 그려지는 나의 미래가 그리 아름답지 않아 두려움을 느끼곤 한다.
비록 늙음과 병듦, 죽음으로부터 자유로울 수는 없지만
시련 속에서도 존엄성을 잃지 않으며
품위 있고 우아한 할머니로 존재하고 싶다.

Chapter 5

나이를 먹는다는 것

다가올 나의 미래

영화 〈45년 후〉

드라마 | 영국 | 95분 | 2016. 05. 05 개봉 | **감독** 앤드류 헤이
주연 샬롯 램플링, 톰 커트니, 돌리 웰스

가슴을 흔드는 영화였다. 영화 속 주인공인 70대 노부부의 일상을 지켜보는 내내 저들의 시간이 바로 곧 내게 닥칠 것 같이 느껴졌기 때문이다. 이 작품은 45년이라는 오랜 시간을 함께했어도 서로를 다 알 수 없는 사람과 사람 사이를 드러낸다. 부부 각자가 자신의 과거를 회의적으로 돌아보는 모습을 보면서 나 역시 과거의 나, 현재의 나에 대해 생각하지 않을 수 없었다. 미래에서 온 편지 같은 이들의 이야기는 결국 나에게 앞으로 어떻게 살아갈 것인가를 묻고, 묻고, 또 묻게 만들었다.

잊고 있던 첫사랑 소식에 동요하는 제프

토요일에 있을 결혼 45주년 기념식을 앞둔 월요일. 케이트와 제프 부부에게 한 통의 편지가 날아든다. 제프 할아버지가 결혼 전에 사귀었던 첫사랑, 카티아의 시신이 알프스 산에서 발견되었다는 소식이다. 저 나이에도 첫사랑이 문제가 될 수 있다니! 첫사랑만큼 진부한 소재가 있을까? 그런데 이 영화는 전혀 그렇지 않다. 결혼기념식 당일까지 6일간 펼쳐지는 두 사람 사이의 미묘한 갈등과 신경전이 날카롭고 밀도 있게 펼쳐진다. 은퇴 후, 별다른 활동 없이 집 근처를 산책하는 것도 마다하며 조용히 집에만 있던 제프는 이 편지에 크게 동요한다. 뜻밖에 날아든 카티야의 소식이 그에게 잊고 있었던 젊은 시절을 환기시키며 자신의 삶을 통째로 되돌아보게 만들었기 때문이다.

그는 지금까지 한 번도 이야기하지 않았던 첫사랑 카티야에 관한 추억을 아내인 케이트에게 이야기한다. 험산 준령의 알프스를 등반하며 유리걸식하던 자신들은 마치 눈 녹은 풀밭에 불쑥 솟아난 제비꽃 같이 의지가 충만했다고 술회하는데, 케이트에겐 이야기 속의 젊은 제프가 낯설기만 하다. 결혼 전의 일이니까, 나를 만나기 전에 있었던 일이니까, 그것도 너무 오래전이니까, 하는 생각으로 케이트는 그의 이야기를 들어준다. 그래도 한때 좋아했던 여자의 시신이 발견되었다는데 잠깐의 감정적인 동요 정도는 인간적으로 이해할 수 있다.

그런데 이 할아버지가 아내가 받아줄 수 있는 선을 넘어간다. 끊었던 담배를 다시 피우고, 한밤중에 다락방에 올라가 카티야의 사진과 옛날에 썼던 여행일기를 꺼내보고, 생전 나가지도 않던 시내에 버스까지 타고 나가 혼자만의 시간을 보내고, 아내 몰래 알프스행 차편을 알아본다. 케이트는 그들이 함께 살아온 지난 45년을 기념하는 행사를 준비하느라 분주한데 그는 다른 여자와 함께했던 과거를 헤매고 있는 것이다.

시간 앞에서 느끼는 강한 무력감

난 제프가 너무나 사랑했던 첫사랑을 여전히, 아직도 못 잊어서 그러는 게 아니라고 느꼈지만 아내인 케이트의 입장이 제삼자인 나와 같을 수 없음은 당연하다. 케이트는 달라진 남편의 모습을 어떻게 받아들여야 할지 혼란스럽다. 아무리 나이든 할머니가 되었다지만 아내인 자기 앞에서 대놓고 첫사랑의 그림자를 탐

45년 후 ⋮ 남편의 첫사랑 소식에 미묘하게 흔들리고 엇갈리는 노부부 제프와 케이트.

케이트와 제프 부부에게 한 통의 편지가 날아든다.

제프 할아버지가 결혼 전에 사귀었던 첫사랑,

카티야의 시신이 알프스 산에서 발견되었다는 소식이다.

저 나이에도 첫사랑이 문제가 될 수 있다니!

닉하는 것처럼 보이는 남편을 마냥 관대하게 받아줄 수는 없는 것이다.

제프에게 첫사랑 카티야는 이룰 수 없었던 안타까운 사랑이라기보다는 '젊음의 상징' 같은 존재로 보인다. 제프는 카티아의 소식을 듣기 전까지 딱히 과거를 돌아볼 이유도 없었고, 아내와 함께 하는 조용하고 안락한 일상에 만족하며 지냈다. 하지만 첫사랑 카티야가 설빙 속에 50년 전 모습 그대로 묻혀있다는 걸 생각하게 되자, 자신의 변해버린 모습을 다시 보게 된 것이다.

'50년 동안 나는 어떻게 살아온 걸까?'

25살의 제프는 카티아와 함께 문명을 거부하며 대안적인 삶을 추구했다. 그는 자신이 목적의식이 분명했다고 회고한다. 보수당 출신의 마가렛 대처 수상에 반대했고, 대처를 지지하는 사람을 파쇼라고 비난할 정도로 진보적 성향이 강했다.

그런데 그렇게 패기 넘치고 용감했던 모습은 어느새 온데간데 없이 사라지고 없고, 정신을 차리고 보니 머리는 백발에 늙어서 집 밖으로 나가는 것도 싫어하는 자신이 있을 뿐이니 제프는 혼란스럽다. 그렇게 좋아하던 친구들도 다 만나기 싫다. 그가 가족처럼 가깝게 지내던 예전 직장 동료들의 모임을 다녀와 한때 빨갱이 소리를 듣던 친구가 지금은 뭐 좋은 곳에 별장을 짓고, 은행가인 손자랑 골프나 치러 다닌다고 비난하듯 이야기하면서 그런 변화를 어떻게 받아들여야 할지 새삼 곤란해 하는 모습이 나오는데, 나는 어떤 심정인지 알 것 같았다.

내가 살아온 내 삶인데 어떻게 이렇게 된 건지 도무지 이해가 가지 않는 것이다. 제프가 시간 앞에서 느끼는 강한 무력감이 내 가슴을 깊이 파고들었다. 이제와 세월을 돌이킬 수도 없는데 말이다. 벤치에 앉아 아내 몰래 담배를 피우다 들켰을 때 그는 카티야를 그리워하던 게 아니다. 그는 젊은 시절의 이상과는 전혀 다른 방향으로 전개되어 온 자신의 인생을 생각하고 있었던 것이다.

제프는 아내가 이런 자신의 마음을 이해해줄 거라 믿는다. 그에겐 케이트가 전부니까. 딱히 만나는 친구도 없이 집안에만 머무는 그가 자신의 내면에서 솟구치는 견딜 수 없는 회한을 조금이나마 내비칠 수 있는 사람은 케이트 밖에 없다.

하지만 친구 같은 아내라고 해도 아내는 아내지, 친구가 아니다. 케이트는 제프가 집을 비운 사이에 다락방에서 카티야의 사진을 꺼내 본다. 그리고 죽기 전의 카티야가 임신중이었다는 사실을 알게 된다. 카티야는 정말로 그냥 여자친구였을까? 남편의 옛 여자친구가 남편의 아이를 임신하고 있었다는 사실을 결혼한 지 45년 만에 알게 되었다. 이제와서 결혼을 무를 수도 없고 따져봤자 아무 소용없다는 것도 아는데 기만당한 것 같은 이 느낌을 어쩌면 좋단 말인가?

이제 케이트의 눈에 지난 결혼생활이 전부 다르게 읽히기 시작한다. 자신이 전혀 의식하지 못했던 카티야의 음영이 부부관계의 배경에 깔려있었던 것이 아닌가 하는 생각에 괴롭다.

상대에 대해 잘 안다는 믿음은 착각일 뿐

기념일이 다가오자 제프는 과거의 늪에서 벗어난 것처럼 보인다. 그는 케이트보다 먼저 일어나 아침 식사를 준비하고 평소 싫어하던 산책을 나가자고 한다. 카티야의 소식은 그를 잠시 회한에 사로잡히게 했지만 젊었을 때 가졌던 마음가짐으로 남은 삶은 충실하게 살아보자고 다짐하게 만든 것 같다.

부부는 많은 사람의 축하 속에 파티장에서 춤을 춘다. 제프가 케이트를 위해 깜짝 선물도 준비했고, 사랑과 감사를 고백하는 연설도 하지만 45년이라는 세월의 무게를 실감케 하는 이 자리에서 케이트는 그 시간에 대한 믿음이 흔들리는 모양이다. 음악이 끝났을 때 갑작스레 제프의 손을 뿌리치는 그녀의 모습에서 상실의 아픔이 느껴졌다.

자식도 없는 이 부부가 서로에게 의지하며 살아온 45년이란 긴 세월을 가만히 헤아려본다. 서로에 대해 이제 눈빛만 봐도 다 알 수 있다고 믿을만한 시간이 아닌가? 카티야라는 먼 과거의 존재가 이 단단한 관계에 균열을 내는 것을 지켜보며 우리가 상대에 대해 잘 안다고 믿는 것은 얼마나 어리석은 착각인지 깨닫는다.

무엇보다 제프에게서 나의 미래를 보는 것 같았다. '어쩐지 나 이대로 늙으면 제프처럼 될 거 같아.' 인생 참 뜻대로 되지 않지만 그래도 제프의 나이가 되어서 회한에 사로잡히면 너무 힘들 것 같단 생각에 가만히 앉아 있을 수가 없었다. 그때엔 다시 어떻게 해볼 도리가 없으니까. 그때 가서 느끼게 될 무력감은 상상할 수도 없다. 지금부터 어떻게 살아야 할지 자꾸 생각하게 된다. 나 역시 20대의 나와는 너무도 달라졌지만 그리고 그때처럼 살 수도 없고, 살고 싶지도 않지만, 뭔지는 모르겠지만 자꾸 '더 늦기 전에'라는 말이 머릿속을 맴돈다. 더 늦기 전에….

영화로 나를 만나는 시간

Q. 지금까지 살면서 가장 후회되는 일은 무엇인가요?

안분지족은 꿈이어라

영화 〈다가오는 것들〉

드라마 | 프랑스 | 102분 | 2016. 09. 29 개봉 | **감독** 미아 한센-러브
주연 이자벨 위페르, 에디뜨 스꼽, 로만 코린카

〈다가오는 것들〉이라는 영화의 제목을 처음 들었을 때 작명을 정말 잘했다고 생각했고, 제목이 주는 느낌으로 미루어보아 '내용이 잔잔하면서도 여운이 있겠군'이라는 생각을 했다. 바로 극장으로 달려가게 만들지는 않지만 언젠가는 결국 보게 되고 마는 그런 영화, 그렇게 며칠 전 늦은 밤에 갑자기 이 영화를 보게 되었다.

살다 보면 예기치 못한 일들이 다가온다. 그것이 사람이든 상황이든 나에게 다가오는 것들을 겪어내며 변화를 감당해야 하는 것이 인생이다. 이 영화는 이 지극히 평범한 진실을, 그런데 자주 잊게 되는 진실을 깊이 생각하게 한다.

현상 유지를 원하는 나탈리

주인공 나탈리는 파리의 한 고등학교에서 철학 교사로 일하는 워킹맘이고, 철학과 교수인 남편과 성년이 된 딸, 아들과 단란한 가정을 꾸리고 살고 있는 보통의 파리지앵이다. 그녀의 삶은 대도시에서 중산층으로 살고 있는 대부분의 사람의 모습과 크게 다르지 않다. 전공이 철학인 관계로 남들보다 철학서를 많이 읽는다는 것이 유일한 차이점이랄까. 보통 사람이라는 범주에 포함되는 우리들 대부분처럼 그녀의 삶에도 가시가 있다.

이 가시란 너무 행복하거나 평범하기만 해서는 안 된다는 듯이 우리의 일상을 쿡쿡 찔러대는 작은 가시다. 불안증세로 시도 때도 없이 나탈리를 불러대는 친정 엄마가 그런 가시 같은 존재다. 그녀는 혼자서 나탈리를 키우며 고단한 삶을 살아왔고, 기댈 곳이 딸 밖에 없는 가여운 여인이다. 그런데 왕년에 모델이었다는 이 초로의 여인은 자기가 딸의 삶을 얼마나 피폐하게 하는지 모른다. 무엇 때문인지 그녀는 끊임없이 자살을 시도하고, 값 비싼 옷을 사 입고, 아무 일도 일어나지 않는 걸 견딜 수가 없는 것인지 사고를 친다. 그러나 이 역시도 일상이 된 지 오래라 나탈리는 무던히 받아넘긴다.

다가오는 것들 남편의 배신에 상처받은 나탈리는 큰 상실감을 느끼며 슬퍼한다.

다소 무감해 보이는 굳은 표정 뒤로
그녀는 그저 현상 유지를 갈망하고 있었던 건 아닐까?
안타깝게도 삶은 현상을 유지하도록
우리를 내버려두지 않는다.

사는 게 대단히 재밌지는 않을지라도 제자들에게 존경받으며 자신의 일에 보람과 자긍심을 느끼고 있고, 홀어머니와 자식들에 대한 책임의 무게를 감당할만한 경제력을 갖추고 있으며, 남편과도 무난한 결혼생활을 하고 있으니 나탈리는 안분지족하며 살고 싶었던 것 같다. 다소 무감해 보이는 굳은 표정 뒤로 그녀는 그저 현상 유지를 갈망하고 있었던 건 아닐까? 안타깝게도 삶은 현상을 그냥 유지하도록 우리를 내버려두지 않는다.

수년째 안정된 판매고를 유지하며 나탈리의 체면을 지켜주던 그녀의 철학교과서는 시대에 뒤쳐진다는 평을 듣는다. 편집자들은 그녀에게 현대적인 감각으로 책을 개정하고, 표지도 바꾸자고 제안하지만 그녀는 변화를 받아들이고 싶지 않다. 그러나 이것은 나탈리에게 변화를 요구하는 운명의 전주곡에 불과했다. 믿었던 남편의 불륜, 그로 인해 하루아침에 달라진 관계, 나탈리에게 다가온 변화에 대한 삶의 요구는 거칠고 강력했다.

어쩌면 나탈리는 이미 다 알고 있었는지도 모른다. 변화가 두려워서 애써 모른 척하며 현상이 유지되길 간절히 바랐을 뿐, 그래서 남편의 고백을 듣고 내뱉은 그녀의 첫마디가 "그걸 왜 이야기하냐?"는 것이었을지도 모르겠다. 이제 그 일은 다가와 버렸고, 그제야 나탈리는 변화를 겪으며 다른 선택을 한다. 가보지 않은 길을 가본다.

어째서 그녀는 남편과 헤어진 후에야 친정 엄마를 요양원으로 보냈을까? 엄마의 존재가 자신의 결혼생활에 악영향을 미치고 있었음이 분명한데 말이다. 남편은 떠나고, 엄마도 돌아가시고, 완전히 혼자인 듯 느껴지던 힘겨운 시간이 지나자 손자가 태어난다. 할머니라는 새로운 정체성이 다가온다.

삶 속에서 일어나는 진정한 철학

흥미로운 건 나탈리가 새로운 인생의 여정을 시작하는데 함께 해주는 길동무가 가족이 아닌 그녀의 제자라는 것이다. 한때 학생이었고, 이제는 동료처럼 느껴지는 제자 파비앵은 그녀를 가까이서 따르며 이제는 역으로 그녀에게 새로운 지적 자극을 준다. 아름다운 사제 관계다. 나탈리는 파리가 아닌 시골 마을에서 자신의 신념과 일치하는 대안적인 삶을 추구하는 파비앵과 그의 친구들의 집에 잠시 머무르는데 이 경험은 나탈리로 하여금 자기 삶의 진실을 직시하게 만든다.

왕년에 공산주의자였던 자신이 의무와 책임에 충실해야 하는 일상을 살아내느라 어느새 보수적인 성향을 지닌 중년의 여성이 되었다는 사실 말이다. 그녀는 파비앵에게 "급진성을 이야기하기엔 난 너무 늙었어. 게다가 다 해본 것들이기도 하고. 난 더는 혁명을 바라지 않아. 훨씬 수수해. 아이들이 스스로 생각하도록 돕는 것, 그게 내가 바라는 거야"라고 말한다. 그리고 이런 이야기를 함으로써 새로운 시도를 거부하며 스스로가 만들어 온 삶의 한계를 깨닫게 된다. 이러한 깨달음은 그녀의 마음에 파문을 일으킨다.

그녀는 비로소 자신의 삶을 철학한다. 교과서에 박제된 명제가 아닌 삶과 함께 숨 쉬는 철학, 현실의 고통과 불확실성에서 똑같은 아픔을 감내하는 우리 모두의 삶을 의미 있게 붙들어주는 그런 철학을 시작한다.

"사방을 둘러봐도 보이는 건 암흑뿐이다. 자연은 내게 회의와 불안의 씨만 제공한다. 내가 놓여 있는 상태에서 내가 뭔지, 뭘 해야 하는지 모르는 나는 나의 신분도 의무도 모른다. 내 마음은 진정한 선을… 그것을 따르기를 온전히 바란다. 영원을 위해서라면 어떤 것도 비싸지 않다."

_파스칼의 〈팡세〉 중.

"우리는 행복을 기대한다. 만일 행복이 오지 않는다면 희망은 지속되며 이 상태는 자체로서 충족된다. 그 근심에서 나온 일종의 쾌락은 현실을 보완하고 더 낫게 만들기도 한다. 원할 게 없는 자에게 화 있으라. 그는 가진 것을 모두 잃는다. 원하던 것을 얻고 나면 덜 기쁜 법. 행복해지기 전까지만 행복할 뿐…."

_알랭의 〈행복론〉 중.

나탈리가 고통스러운 상황 속에서 읊조리는 파스칼의 〈팡세〉와 알랭의 〈행복론〉의 구절은 그녀 내면에서 자연스럽게 솟아나는 외침이 된다. 삶과 철학이 하나가 되는 순간들을 지나면서 고통은 그녀를 승화시킨다. 이제 표면적으로 나탈리는 중년의 이혼녀이고, 시대에 뒤떨어진 교과서의 집필자이자, 한 아이의 할머니일지 몰라도, 일련의 과정 속에서 그녀의 내면은 삶에 대한 깨달음으로 더 고양되고 충만해졌다. 진정한 변화는 내면에서 이루어진다.

중년의 삶에 대한
깊은 사유가 담긴 영화

어릴 때는 어른이 되면, 대학교만 가면, 삶의 주도권을 내가 온전히 갖게 되리라 막연히 믿었던 것 같다. 이런저런 일들을 겪으며 이 나이가 되고 보니 삶이란 다가오는 것들을 어떤 자세로 감당해낼 것인가, 그것을 통해 어떻게 내적인 성장을 이루어낼 것인가의 문제가 아닌가 싶다. 그렇게 나탈리의 이야기는 사람이 철이 드는 건 한 번으로 끝나는 게 아님을, 어쩌면 죽을 때까지 거듭되는 일임을 깨닫게 한다.

이 영화는 긴장을 풀고, 화면이 흘러가는 대로, 영화에서 무엇이 내게 다가오는지 가만히 느끼면서 보면 좋겠다. 파리 사람들의 일상을 엿볼 수 있는 가정과 교실의 풍경도 흥미롭고, 우리나라 고등학교에서도 아이들이 저런 철학수업을 받았으면 좋겠다 싶고, 나탈리가 제자인 파비앵을 만나러 가서 마주하는 자연의 풍경도 너무 아름답다.

환갑이 넘은 여배우와 중년의 삶에 대한 깊은 사유를 만들어낸 감독이 누군가 하고 봤더니 35살의 젊은 여자 감독이어서 놀라웠다. 철학과 이야기가 이렇게 영상에 자연스럽게 맞물리고 서로 녹아들게 만든 영화는 드물지 않을까 싶다. 철학이 삶에 대한 시가 되어 영화로 나타났다.

영화로 나를 만나는 시간

Q. 나이를 먹는다고 내면이 저절로 성숙하진 않는 거 같아요.
내면의 성장을 위해 오늘부터 어떤 노력을 할 수 있을까요?

상실의 기술을 말하다

영화 〈스틸 앨리스〉

드라마 | 미국 | 101분 | 2015. 04. 29 개봉 | **감독** 리처드 글랫저, 워시 웨스트모어랜드
주연 줄리안 무어, 알렉 볼드윈, 크리스틴 스튜어트

기억이 없다면 '나'는 누구일까? 삶의 '연속성'을 잃어버린다면 그런 삶에는 어떤 의미가 있을까? 불가항력적인 병에 걸린다면 나는 과연 어떻게 할 것인가?

영화 〈스틸 앨리스〉는 이러한 질문에 답하는 한 여인의 이야기를 다루고 있다. 나이 50살의 앨리스는 컬롬비아 대학의 존경받는 언어학과 교수이자, 사랑스러운 아내, 세 아이의 엄마다. 일과 가정 어느 것 하나 놓치지 않고 성공한 인생을 살아온 그녀에게 '조발성 알츠하이머'라는 날벼락 같은 소식이 들려온다. 아직 할 수 있는 일도, 하고 싶은 일도, 해야 할 일도 많이 남았는데….

스틸 앨리스 : 언어학과 교수로서 연구하고 가르치는 자신의 일을 사랑하는 앨리스.

"지금 이 순간을 살라고 스스로에게 말합니다.
그게 제가 할 수 있는 전부니까요.
저는 고통스럽지 않습니다. 애쓰고 있을 뿐입니다.
이 세상의 일부가 되기 위해 예전의 나로 남아 있기 위해."

나를 잊게 만드는 알츠하이머

영화는 알츠하이머에 대처하는 앨리스의 일상을 따라간다. 특히 그녀가 기억을 잃어가는 전 과정이 당사자의 입장에서 섬세하게 그려지는 것이 무척 인상적이었는데, 내가 나 자신이라는 정체성을 상실해가며 자기 자신에게 점점 더 낯섦을 느껴야 하는 소외감과 외로움이 생생하게 전달된다. 앨리스의 눈을 통해 알츠하이머 환자가 느끼는 세상의 모습이 정말 어떠할지를 조금이나마 이해할 수 있었는데 그 고통의 깊이를 가늠하는 것만으로도 아득해졌다.

앨리스는 차분하고 침착하게 자신의 인간으로서의 존엄성을 지키기 위해 노력한다. 슬픔에 무너지지 않으려고, 일상을 유지하려고 최선을 다한다. 심지어 위트를 보이기도 하는데 요즘 어떠냐고 묻는 딸에게 "좋은 날에는 일반인 연기가 되는데 나쁜 날엔 내가 누군지 모르겠어"라고 답한다. 그러나 병은 조금도 사정을 봐주지 않고 사정없이 그녀를 공격한다.

나는 생각했다. 차라리 뇌가 알츠하이머에 완전히 점령당해 아무것도 모르는 상황이 된다면, 내가 내 행동에 대해 아무 인식도 못하고, 다른 사람이 나를 어떻게 바라보고 대하는지 알 수 없는

편이 차라리 나을지도 모르겠다고. 앨리스는 병이 그녀의 존재를 잠식해가는 동안 자신이 점점 이상해지고 있다는 사실을 아는 것이 고통스럽다. 방금 일어난 일도 잊어버리고, 외출했다가 길을 잃고 집을 찾지 못하고, 좋아하던 색깔, 심지어 자식들의 이름도 잊어버렸다.

스스로가 바보 같아진다는 걸 알면서도 막을 수 없다. 자기 집안에서조차 길을 잃어버려 화장실을 찾지 못하고 헤매다가 결국 바지에 실수를 하고 나서 앨리스가 보인 그 당혹스러운 표정이 잊히지 않는다. 찰나지만 거기엔 두려움과 수치심이 깊게 배어 있었다.

불가항력적인 상황에서 빛을 발하는 인간성

이 영화에서 주인공 앨리스가 언어학자라는 점은 많은 것을 시사한다. 그녀의 지성은 그녀의 병이 급속도로 악화되는 것을 막아주며 자신을 상실해가는 악조건 속에서도 두려움을 이겨내고 품위를 지킬 수 있게 한다. 그러나 다른 한편으론 고통의 크기를 배가시키기도 한다. 평생 언어를 연구해왔고, 언어를 사랑하는 사람이 언어를 잃어가야 한다는 것, 누구보다 조리 있게 말하고,

정확한 표현을 해오던 사람이 간단한 단어 하나 생각나지 않을 때 느낄 깊은 좌절감, 마치 전 인생에 걸친 모든 노력이 파도에 밀려 허물어지는 모래성같이 느껴지지 않겠는가.

그녀는 "뇌가 죽어가는 걸 느낀다"라고 말한다. 앨리스의 병이 심화되는 과정을 지켜보는 내내 과연 나라면 앨리스처럼 할 수 있을지 눈시울을 적시며 거듭 생각을 하지 않을 수 없었다. 그러나 이 영화는 병마와 싸우는 주인공을 다루는 일반적인 영화나 드라마와는 다르게 이야기를 신파조로 풀어내지 않는 미덕을 지니고 있다. 눈물과 동정심을 이끌어내려 애쓰기보다는 주인공 앨리스와 함께 병에 대해 사유하게 만든다. 인간성의 높은 차원에 대해 생각하게 한다.

지력이 남아있는 시간 동안 사력을 다해 신변을 정리하고, 기억 없이 살아야 하는 다가오는 삶을 준비하는 동안, 그녀는 남은 이성을 쥐어짜며 현실적이고 합리적인 대안을 마련하려고 하고, 극도의 공포에 온 힘을 다해 맞선다. 이와 동시에 그녀는 아직 스스로 생각할 능력이 있는 현재를 온몸으로 누리려 한다.

알츠하이머 환자로서 연단에 선 앨리스는 이렇게 말한다. "지금 이 순간을 살라고 스스로에게 말합니다. 그게 제가 할 수 있는 전부니까요. 저는 고통스럽지 않습니다. 애쓰고 있을 뿐입니다. 이 세상의 일부가 되기 위해 예전의 나로 남아있기 위해." 앨리스의 노력은 인간으로 태어난 그녀가 자신의 삶을 통해 구축해 온 문명을 지키는 과정으로 보인다. 불가항력적인 고통 앞에서 인간성이 빛을 발하는 순간은 바로 이런 때가 아닌가. 한계에 맞서는 인간의 모습에는 처연한 아름다움이 내재되어 있다.

병이란 기본적으로 인간의 근간을 흔드는 힘든 경험이다. 기억을 잃는다면 과연 나를 나라고 말할 수 있을까? 나를 진정한 나라고 느끼게 해주는 근거는 기억이 아닌가. 누구나 한 번쯤은 이런 생각을 하지 않을까? 앨리스의 이야기는 '그럼에도 나는 나'라고 말하고 있다. 병에 따른 고통의 경중을 비교하는 것은 어리석은 짓이지만 이런 맥락에서 알츠하이머라는 병은 다른 여러 병들과 다른 차원에 있다는 생각이 든다.

내 육신과 삶이 나의 주도권 밖에 있게 되는 상황이 주는 공포. 내가 누구인지, 뭘 하는지도 모르면서 살아야 하는 삶. 이어질 미지의 '삶'에 대한 두려움. 이것은 병의 결과로 '죽음'이 예견되는, '죽음'의 공포에 맞서야 하는 암과 같은 병들과는 정말로 대극점에 있는 것이 아닌가 싶다.

스틸 앨리스 : 앨리스는 말과 기억을 잃어가는 고통 속에서 자기 자신으로 남으려고 애쓴다.

앨리스의 가족은 울고불고 패닉에 빠지기보다는

각자 자신의 자리를 지키면서

어떻게 하면 환자를 지켜줄 수 있을지

현실적인 방법을 모색한다.

운명을 수용하는 성숙한 자세

〈스틸 앨리스〉는 가족의 사랑에 대해서도 시사하는 바가 크다. 앨리스의 가족을 보면서 '성숙한 가족의 모습이란 이런 것일까?'라는 생각을 하게 되었다. 남편과 아이들은 앨리스를 사랑하고 걱정하지만 자기 삶의 현실을 외면할 수 없는 딜레마를 무척 솔직하게 드러낸다.

가족은 각자 자신의 자리를 지키면서 어떻게 하면 환자를 지켜줄 수 있을지 현실적인 방법을 모색한다. 특히 앨리스의 병이 유전병임이 밝혀지고 세 자녀들 중 임신중인 큰 딸이 어머니의 병을 물려받았음이 밝혀질 때, 그래서 배 속에 있는 아이에게도 유전되었는지를 확인해야 할 때 이 가족이 보인 의연한 모습은 정말 놀랄 정도다. 큰 딸은 어머니인 앨리스를 통해 자신의 미래를 본다.

어머니를 닮아 강인한 딸은 힘겹고 흔들리지만 주어진 운명을 있는 그대로 받아들인다. 이런 가족들의 모습이 보기에 따라 조금 차갑게 느껴질 수도 있겠지만 나는 이들이 보인 태도가 서로에 대한 가식 없는 최선이라고 생각했다.

연출 또한 매우 훌륭하다. 치매환자가 나오는 드라마에서 흔한 설정, 즉 길을 잃은 주인공이 위험에 처했다가 극적으로 구조되고 가족들이 모두 울고불고 요란스럽게 환자를 걱정하는 식의 극적 장치나 대단한 클라이맥스 하나 없이도 엄청난 몰입을 이끌어 낸다. 이는 주인공의 심리 변화를 밀도 있게 그렸기에 가능했다. 특히 알츠하이머 환자가 느낄 심리적 세계를 영상으로 구현해 낸 몇몇 장면들은 잊히지 않을 정도로 탁월하다.

앨리스의 삶에는 수많은 영광과 기쁨의 순간이 있었다. 아이비리그 중 하나인 콜롬비아 대학의 교수가 되었고, 사랑스러운 아이들이 태어나던 순간이 있었고, 남편과 사랑하고 연애하던 시절이 있었다. 그러나 병에 걸린 그녀의 기억이 반복해서 돌아가는 지난날의 한 지점은 아직 어린 소녀였던 그녀가 자신의 아버지와 언니와 바닷가에서 놀던 순간이었다. 이 장면이 오래도록 내 가슴에 남을 것 같다.

앨리스는 여전히 자신으로 남기 위해 최선을 다한다. 지켜보고 있노라면 가슴이 아프지만 그녀와 같이 의연해지는 나를 발견하게 된다. 슬픔보다는 아름다움이 훨씬 큰 힘을 주는 이야기다.

영화로 나를 만나는 시간

Q. 내가 가장 나답다고 느껴질 때는 언제인가요?
혹은 내가 잘 몰랐던 나의 모습을 발견한 적이 있나요?

누군가를 진심으로 사랑하는 일은
때로 우리가 자신을 향해 나아가는 여정 속에서 길을 잃게 만든다.
나 자신을 잊을 만큼 강렬한 사랑은 얼마나 유혹적인가!
그러나 사랑하느라 자신을 잃어버리고 혹독한 대가를 치룬 여자들의 이야기는
우리에게 먼저 스스로를 사랑하라고 호소한다.
그래야만 자기 자신이 되어 살아갈 수 있기 때문이다.

Chapter 6

나 자신으로 산다는 것

잃어버린 나를 찾아서

영화 <빅 아이즈>

드라마 I 미국 I 105분 I 2015. 01. 28 개봉 I **감독** 팀 버튼
주연 에이미 아담스, 크리스토프 왈츠

감기에 걸려서 끙끙 앓았던 설날 연휴. 비록 몸은 아팠지만 그 핑계로 자리 깔고 누워서 오랫동안 보고 싶었던 영화 〈빅 아이즈〉를 볼 수 있었다.

성 차별적인 환경 속에서 재능 있는 화가가 여자라는 이유로 자신의 이름으로 활동하지 못하고 남편의 뒤로 숨게 된 이야기가 펼쳐진다. 자기 색깔이 분명하기로 둘째가라면 서러울 팀 버튼 감독이 아닌가. 그는 〈빅 아이즈〉도 '과연 팀 버튼답다.'는 말이 절로 나올 만큼 동화적인 뉘앙스가 강하고, 색감이 풍부한 영화로 만들었다.

자신의 그림을 빼앗긴 마가렛

실화를 바탕으로 해서 더욱 흥미로웠던 이 영화는 여류 화가 마가렛 킨의 기막힌 사연을 다루고 있다. 여자의 사회 진출이 어려웠던 1950년대 말, 남편의 구속으로부터 벗어나기 위해 어린 딸과 집을 나온 마가렛은 가구공장에서 일하며 주말에는 공원에서 행인들의 초상화를 그려주는 일로 생계를 유지한다. 그곳에서 우연히 월터 킨이라는 화가를 만나는데 그는 화려한 언변으로 단숨에 마가렛의 마음을 사로잡는다. 남편에게 양육권을 뺏길 처지에 놓인 마가렛은 자신의 그림을 이해하며, 유머감각이 넘치고 친절한 월터 킨의 청혼을 받아들인다. 처음에 이들은 행복한 결혼생활을 하는 듯 보인다.

그러나 우연한 계기로 마가렛이 그린 눈이 큰 아이들의 초상화, 즉 '빅 아이즈'가 시장성이 있다는 것을 발견한 월터는 그녀의 그림을 자신의 그림이라고 속여 판다. 자신의 그림을 빼앗긴 마가렛은 당황하지만 월터는 여자 화가의 그림은 안 팔린다며 마가렛을 설득한다. 그의 마케팅 능력으로 '빅 아이즈' 시리즈는 대 히트를 치고, 월터는 스타 화가로 등극한다.

부와 명예에 취해 월터는 점점 사악하게 변해가고, 자신이 진짜로 그림을 그리기라도 한 듯 행동하며 마가렛의 재능을 착취한다. 마가렛은 자신이 그토록 사랑하고 지키려 애썼던 딸에게조차 자신의 정체를 드러내지 못하는 지경에 이르고, 숨겨진 비밀의 방에 갇혀 그림만 그리는 기계처럼 살게 되었다. 월터의 가학적인 행동이 극에 달하자 모든 사정을 눈치챈 딸이 엄마를 도와 함께 탈출을 시도하고, 마가렛은 딸과 주변의 도움으로 마침내 용기를 내어 자신이 '빅 아이즈'의 진짜 화가임을 밝히게 된다.

남편의 꼭두각시로 사는 인생

이야기가 쉽고, 강렬해서 아픈 것도 잊고 몰입해서 볼 수 있었다. 하지만 이야기가 쉽다고 해서 작품이 던지는 화두가 가벼운 것은 아니다. 이 작품은 이제는 모두에게 익히 잘 알려진 미술시장의 이면을 드러내며 내게 미술시장의 매커니즘과 여성의 자아에 대해 깊이 생각하게 만들었다.

화가는 재능만으론 아무것도 증명할 수 없다. 언론과 비평가, 재력을 지닌 후원자와 능력 있는 마케터들의 합작으로 '의미 있는' 그림과 '명성'있는 화가가 탄생한다. 그러한 과정은 시장논리

빅 아이즈 : 남편 월터의 강압에 의해 빅 아이즈를 그리는 기계로 전락한 화가 마가렛.

'빅 아이즈'가 시장성이 있다는 것을 발견한 월터는

그녀의 그림을 자신의 그림이라고 속여 판다.

자신의 그림을 빼앗긴 마가렛은 당황하지만

월터는 여자 화가의 그림은 안 팔린다며 마가렛을 설득한다.

가 지배하는 사회 시스템 속에서 필연적인 부분이라고 생각한다.

이 때문에 유감스럽게도 우리는 종종 재주는 곰이 부리고 수익은 단장이 독차지하는 꼴을 목격하게 된다. 주인공 마가렛과 월터의 관계가 이런 틀의 극단적인 예라고 할 수 있겠다. 월터는 마가렛의 '빅 아이즈'로 더 큰 수익을 올리기 위해 저렴한 가격의 포스터와 엽서를 대량 생산해서 일반인들에게 판매한다. 마가렛이 대형마트 매대에 산더미처럼 쌓인 자신의 그림과 앤디 워홀이 그려서 유명해진 '캠벨 수프' 캔 사이를 멍하니 걸어가는 장면을 잊을 수가 없다. 자신이 그렸음에도 불구하고 자신의 작품으로부터 완전히 소외된 그녀의 모습은 혼이 없는 유령 같아서 섬뜩한 느낌이 들 정도였다.

일러스트적인 요소와 팝아트적 성격이 강한 마가렛의 그림은 동시대의 스타 화가인 앤디 워홀의 그림과 어깨를 나란히 하고 있다. 마가렛이 다른 공산품들처럼 쌓여 있는 자기 그림 곁을 그냥 지나가는 이 장면은 비록 짧지만 그녀가 처한 외적·내적 상황을 분명하게 보여주는 명장면이 아닐 수 없다. 마가렛이 본인의 분신이라고 할 수 있는 자신의 그림으로부터 완전히 유리되어 주변인이 된 모습이 의미하는 것은 단순히 그림의 저작권을 잃고 억울한 처지가 된 안타까운 사연의 수준이 아니다.

마가렛은 자신의 이름을 스스로 버렸고, 월터의 이름 뒤에 숨어

버림으로써 그에게 흡수되었다. 그녀는 월터의 꼭두각시가 되어 그의 요구대로 그림을 그리는 그의 손이 되었다. 월터의 조종에 따라 살면서 마가렛은 스스로 생각하고 결정할 능력을 잃게 되었고, 그렇게 자아를 상실한 채 다른 사람의 인생을 대신 살게 되었다. 방 안에 갇혀 그림만 그리며 신체의 자율성마저 잃어버린 마가렛이 자주 멍한 상태로 우울감을 느끼는 모습은 자기를 상실한 사람의 모습이 어떤지를 정확하게 보여준다. 사람은 결국 자기 자신으로 살아야 하는 것이다.

윤택한 삶이 주는 안온함의 유혹

나는 마가렛에게 거짓을 바로잡을 기회가 여러 번 있었다고 생각한다. 월터가 최초에 거짓말을 했을 때가 그랬고, 그 후에도 기회는 몇 번 더 있었다. 그러나 그녀는 그의 거짓말을 묵인하고 계속해서 월터의 요구대로 그림을 제작함으로써 이 사기극의 공범이 되었다. 물론 시대가 여성에게 호의적이지 않았다는 걸 안다. 지금도 여자 혼자 아이를 키우는 게 힘든데 약 70여 년 전이니 오죽했을까. 그럼에도 불구하고 영화가 전개되는 중간 중간 마가렛에게 살짝 답답함을 느꼈다.

그녀가 정말 오직 사회적 여건 때문에 월터에게 맞서지 못하는 것일까? 영화 중간에 그녀는 조지아 오키프를 언급하며 월터에게 반문한다. 조지아 오키프는 여자인데도 성공한 화가, 즉 그림이 팔리는 화가가 되지 않았냐고. 그렇게 잘 알면서 어째서 자신의 재능을 믿고 세게 부딪쳐 볼 용기도 내지 않았는지 무척 안타까웠다.

10년 가까이 가짜 인생을 살면서 결국 월터의 극악무도한 발악의 끝을 보고서야 그녀는 어렵게 용기를 냈다. 난 마가렛이 오직 월터가 무서워서 또 여성에 대한 사회적 편견 때문에 용기를 내지 못한 것만은 아니라고 생각한다. 자신의 이름은 아니지만 월터의 이름을 달았을 때 그림은 돈이 되어 마가렛의 삶을 윤택하게 해주었기 때문이다.

마가렛은 자기만 입 다물면 별 문제없을 것 같은 안정된 삶, 윤택한 삶이 주는 안온함의 유혹, 그게 흔들리는 것이 두려웠던 것이 아닐까? 자기 자신으로 사는 것보다 돈이 더 중요했던 건 아닐까? 얼마나 많은 어려움이 돈으로 쉽게 해결되는지를 생각하면 그녀가 진실 앞에서 너무 쉽게 물러선 것이 아니냐고 비난할 수만은 없다. 무의식중에 자신의 영혼과 바꿀 정도로 안온함의 유혹은 강렬하다. 나 역시도 바로 이 안온함이 주는 달콤함 때문에 진실 앞에서 무력해질 수 있다는 걸 느낀다. 안온함 그 자체는 좋은 것이지만 그것이 어떤 대가로 유지되는지는 늘 살펴서 생각해 볼 일이다.

마가렛의 이야기는 현대판 설화 같은 느낌을 준다. 자신의 행위가 의미하는 바를 미처 알지 못한 여인이 스스로 이름을 버린 결과, 타자의 삶을 살아야 하는 고통을 겪고, 천신만고 끝에 다시 자기 이름을 찾게 된다는 이야기는 100년만 더 지나면 정말 20세기 설화가 될지도 모른다.

월터 역을 맡은 크리스토프 왈츠의 연기에 대해 극찬을 하고 싶다. 극을 좌지우지하는 그의 호흡에는 관객을 휘두르는 카리스마가 있다. 무엇보다 장면 하나하나가 다 그림 같았다. 모두 사진으로 인화해서 액자에 담아두고 싶을 정도로 환상적인 비주얼이다. 첫 장면부터 시선을 확 사로잡는데 의상부터 세트까지 1950년대의 색감을 빈티지 파스텔 풍으로 선명하게 그려낸다. 팀 버튼은 팀 버튼이다.

영화로 나를 만나는 시간

Q. 내가 나답게 사는 걸 방해하는 존재가 있나요? 그것은 누구 (또는 무엇)이며 어떻게 내 삶에 개입하고 날 방해하는지 구체적으로 적어봅시다.

지금부터가 시작이다

영화 〈피파 리의 특별한 로맨스〉

드라마 I 미국 I 93분 I 2011. 02. 01 개봉 I **감독** 레베카 밀러
주연 로빈 라이트, 브레이크 라이블리, 알란 아킨

20대 아가씨를 보며 그 사람이 50살이 되었을 때의 모습을 상상하기 어렵고, 50대 아줌마를 보면서 이 사람에게도 20대 젊은 시절이 정말 있었을지 믿기 어렵다.

영화 〈피파 리의 특별한 로맨스〉는 이처럼 서로 연결하기 쉽지 않은 한 사람의 20대 시절과 50살의 모습을 동시에 보여줌으로써 젊은 시절의 선택이 미래에 어떤 결과로 나타나는지 한눈에 조망하게 만든다.

남에게 맞추며 살아온 인생

50살의 피파는 현모양처로서의 삶을 빈틈없이 성실하게 살아왔다. 피파는 다른 사람의 필요와 욕구, 취향에 능통해 가족은 물론이고 주변사람들에게도 잘 맞춰주는데다 어떤 상황에도 잘 적응해서 카멜레온이라 불릴 정도다.

중년의 나이에도 여전히 아름다운 그녀는 부유한 남편, 로스쿨에 다니는 아들, 기자인 딸을 둔, 누가 봐도 성공한 중년이다. 그런데 그녀는 행복하지 않다. 언제나 남에게 맞추며 살아온 인생이기 때문이다. 이제는 나를 드러내고 싶은데 어떻게 해야 할지 방법도 모르겠고 그런 자신이 혼란스럽다. 그녀는 자신을 이해하기 위해서 인생의 바닥부터 더듬는다.

피파는 성직자인 아버지와 전업주부인 엄마의 4남 1녀 중 막내딸로 태어났다. 피파의 엄마는 어린 피파를 애지중지하며 키웠지만 인형 놀이를 하듯 다루었고 피파가 고등학생이 되었을 무렵엔 심각한 약물중독자가 되었다. 혼자서 7식구의 살림을 도맡아하며 누구의 도움도 받지 못했던 엄마는 자신의 가정이 TV의 광고에 나오는 그런 이상적인 가정이길 바랐지만 불가능한 꿈이었다.

피파의 엄마는 명백히 우울증이었지만 아빠와 오빠들은 속수 무책이었고, 약물을 복용하는 걸 알면서도 아무도 말릴 생각을 하지 않았다. 엄마의 고통을 보다 못한 피파는 엄마의 약을 다 먹어버린다. 그런데도 엄마가 약을 끊기는커녕 계속 같이 먹자고 하자 피파는 더이상 견디지 못하고 그 길로 집을 나온다.

다행히 그녀는 독신인 이모의 따뜻한 배려로 이모의 아파트에서 함께 살게 되었는데 그것도 잠시, 이모의 룸메이트인 캐시가 자신이 쓴 레즈비언 포르노 소설에 들어갈 사진을 찍기 위해 피파를 이용한다. 순진한 피파는 캐시의 유혹에 넘어가 그녀가 시키는 대로 야한 옷을 입고 성적인 자세를 취하며 촬영을 하다가 이모에게 들켜 쫓겨난다. 그렇게 피파는 고등학교도 제대로 마치지 못한 채 거리에서 20대를 맞이한다.

50살의 피파는 이후 몇 년간 늘 마약에 취해 제정신이 아니었기에 기억나는 게 없다고 말한다. 그녀는 지금의 모습만 봐서는 도저히 상상할 수 없는 과거를 지니고 있었다. 청소년인 피파를 보면서 안타까웠던 것은 그녀가 부모의 심리적 지지와 보호 속에서 자기 안에 내재된 가능성과 재능을 개발하고 진로를 탐색하며 건강한 자아상을 만들 최소한의 기회도 갖지 못했다는 점이다. 천성적으로 온순하고 영악하지 못한 피파는 가진 것 하나 없이 남에게 이용당하기 딱 좋은 상태로 거리로 내몰렸다.

자기가 뭘 잘 하는지, 뭘 하고 싶은지에 대해 생각해보지도 못한 채 그저 고통스런 현실을 잊기 위해 마약으로 도피하며 아르바이트를 전전하고, 화가인 남자친구의 스튜디오에 얹혀살며 시간을 죽이고 있던 피파에게 구세주처럼 등장한 것이 지금의 남편 허브다.

두 사람은 허브의 아내가 주최한 파티에서 처음 만났다. 남자친구를 따라 파티에 갔다가 허브를 만난 피파는 자신을 존재 그 자체만으로 굉장히 특별한 사람으로 대우하는 그에게 끌리고 만다. 스스로를 '인생 망친 애'로 생각할 정도로 자존감이 낮았던 피파는 자기가 얼마나 예쁜지조차 제대로 알지 못하고 있었던 것이다.

출판계의 거물이었던 허브는 피파와는 족히 30살 차이가 나는 아버지뻘의 남자로 세련된 취향과 위트 있는 말솜씨로 여자를 유혹하는데 탁월한 재주가 있는 전형적인 옴므 파탈이다. 피파는 그와 함께 있을 때 보호받는다는 느낌을 받았고, 당시엔 그게 너무나 절실했다. 그는 세상에서 가장 아름다운 것을 본다는 듯이 피파를 바라봤고, 그녀에게 재능이 있으니 무엇이든 도전해보라고 격려해주었다.

피파가 그 충고대로 자기 계발에 힘을 썼으면 좋았으련만 누구에게서도 그런 말을 들어본 적이 없었던 피파는 허브에게 푹 빠진다. 그런 피파에게 허브는 아내가 미쳤으며 결혼생활이 힘들어 곧 이혼할 거란 이야기를 늘어놓는다. 순진한 피파는 자신이 그를 행복하게 하는 진짜 아내가 될 거라는 허브의 말에 넘어가 그의 청혼을 받아들인다.

그러나 허브의 아내 지지는 젊고 아름다우며 심지어 재산도 많은 여자로(지지 역할을 맡은 배우가 세상에서 가장 예쁜 여배우로 꼽히는 모니카 벨루치다) 분명히 한때는 그녀도 지금의 피파처럼 허브의 사랑을 받았을 것이다. 물론 지지도 허브의 첫 번째 아내가 아니다. 지지는 이혼해주는 조건으로 피파를 식사에 초대하고 싶다고 하고 반드시 이혼을 해야 했던 허브는 별로 내켜하지 않는 피파를 데리고 그 자리에 간다.

식사 자리에 마주 앉은 허브와 피파에게 지지는 "남자들 정말 웃기지 않아? 항상 지배하기 쉬운 여자들만 가지려고 하지. 나중엔 저능아랑 살 거야"라는 말을 남긴 후 권총을 입에 물고 방아쇠를 당겨 자살한다. 예상치 못한 충격적인 장면 앞에서 심장이 쿵 내려앉았다. 죽은 지지는 물론이고, 그 모습을 본 피파가 말할 수 없이 가여웠다.

피파 주변에 제대로 된 어른이 한 명이라도 있었다면 과연 그녀가 이런 상황까지 갔을까? 나는 어른인 캐시와 허브가 피파를 그저 자기만족의 수단으로 이용했다는 사실에 큰 분노를 느꼈다. 만약에 피파가 비록 가진 것이 없어도 자존감이 강하고, 자기 재능에 대한 확신이 있는 젊은이였다면 그렇게 쉽게 허브의 유혹에 넘어가지 않았을 것이다. 스스로를 믿지 못하고 쓸모없는 사람이라고 여기고 있던 그녀는 자신이 허브같이 대단한 남자를 행복하게 만들 수 있다는 데서 스스로의 가치를 발견했다.

피파는 자신 때문에 지지가 죽었다고 생각하고 회개하는 마음으로 허브랑 결혼해 그에게 헌신하는 삶을 산다. 한 사람을 죽게까지 만들면서 차지한 사랑인 만큼 그녀는 흠 없이 행복한 결혼생활을 유지하고자 자신을 부인하고 철저하게 허브에게 맞추며 순종적으로 살아왔다. 오늘날 누가 봐도 완벽한 내조의 여왕인 피파의 모습은 이렇게 만들어진 것이다.

주종관계로 고착화된 부부 사이

현재의 피파는 허브를 따라 부유한 노인들이 모여 사는 실버타운으로 막 이사를 온 상태다. 80살이 넘은 남편이 은퇴 후 인생의 말년을 보내기 위해 선택한 이곳에서의 새로운 생활은 피파의 마음에 전에 없던 충동과 불안을 일으킨다. 그녀는 나이만 먹었지 여전히 기가 세고 자기중심적인 남편에게 일방적으로 맞추는데 지쳤고, 친구 하나 없는 이곳에서 딱히 할 일도 없이 살아갈 일도 막막하다.

결국 피파는 몽유병에 걸리고, 자신이 수면상태에서 집안을 돌아다니며 폭식을 하는 것을 깨닫고 큰 충격에 빠진다. 모두 죄책감에 사로잡혀 너무 오랫동안 자신을 억누른 채 살아온 결과다.

피파는 꿈속에서 자신의 손목에 파란 줄이 묶여있는 걸 본다. 그 줄이 연결된 곳을 찾아가보니 사자 한 마리가 앉아있는 게 아닌가? 피파가 사자에게 다가가자 사자는 수줍다는 듯이 갑자기 사라진다. 이상하고 의미심장한 꿈이 아닐 수 없다. 사자는 동물의 왕이고 아름답고 고귀하며 힘과 능력을 상징한다. 꿈에서 만난 그 사자는 내면에 억압된 채 힘을 발휘하지 못하고 있는 피파 자신의 은폐된 자아다. 몽유병은 그 자아가 더이상은 이렇게 살 수 없다고 알리는 위기 신호라고 할 수 있는데 피파는 그걸 잘 깨닫지 못한다. 피파는 살면서 평생을 죽은 지지의 환영에 시달려왔기에 몽유병도 그것과 연관이 있을 거라고 추측할 뿐이다.

야속하게도 허브는 남편이면서도 아내가 겪는 심리적 어려움을 전혀 헤아리지 않는다. 그는 결혼생활 내내 피파가 지지에 대해 아무 이야기도 하지 못하게 입을 막아왔고, 그녀가 느끼는 죄책감이나 괴로움에 대해 공감하거나 위로한 적이 없었다. 몽유병에 대해서도 자신이 치매에 걸린 거보다 낫지 않느냐고 할 뿐이다.

사실 그는 피파에게 별 관심이 없어진 지 오래다. 허브는 본인도 피파를 사랑한다고 생각하겠지만 그 사랑은 희생 없이 받기만 하는 이기적인 사랑이다. 피파의 일방적인 헌신으로 이루어진 25년간의 결혼생활은 동등해야 할 남편과 아내 사이를 주종관계로 고착화시켰다.

허브는 50살이나 된 아내 피파를 부를 때 휘파람을 불며 검지를 까딱인다. 그건 명백히 주인이 개를 부를 때 쓰는 방법이다. 하지만 피파가 그런 취급을 받으면서도 아무런 저항 없이 다가와서 그의 곁에 앉는 걸 보면서 난 기가 막혔다. 그러나 비록 동등하지 못한 부부관계였다고 해도 이들의 결혼생활이 완전히 나쁘기만 했다고 말하기는 어렵다. 두 사람에게도 신혼시절이 있었고, 쌍둥이 남매를 낳아 기르면서 함께 아이들의 재롱을 보며 기뻐했던 때도 있었으니 말이다.

어쨌든 허브는 자식들에게 좋은 아버지였고, 피파가 지금보다 젊었을 땐 그의 카리스마 넘치는 태도가 그녀에게 안정감을 주었을 거다. 어찌 보면 이들 부부는 나름대로 서로의 필요를 만족시키며 살아 왔다 할 수 있다. 다만 지금까지 서로에게 유효했던 방법들이 이제는 더이상 먹히지 않는 시기가 왔을 뿐인지도 모르겠다. 세월은 허브를 의지하기 힘든 노인으로 만들었고, 피파에겐 지혜를 가져다주었다.

피파 리의 특별한 로맨스 : 중년이 된 피파와 노인이 된 허브는 겉보기엔 아무 문제없이 잘 지내는 것처럼 보인다.

허브는 자기 욕구만 채우고
여성을 도구화하는 남자의 전형인 푸른 수염에 다름없다.
자살한 지지는 육체도 영혼도 모두 죽었다면,
피파는 내적인 삶이 완전히 파괴되었다고 볼 수 있다.

새로운 시작을 여는 피파

피파는 몽유병을 치료하기 위해 병원에 다니기 시작하고, 의사의 조언에 따라 취미 생활도 갖으려 애를 쓰지만 죄책감으로부터 벗어나 자신에게 충실한 삶을 살기 위한 돌파구를 찾는 건 어려워 보인다. 이런 답답한 생활 가운데 유일한 낙이 옆집에 이사 온 크리스와 잠깐씩 드라이브를 나가는 일이다. 35살의 이혼남인 크리스는 피파가 몽유병인 걸 알고도 편견 없이 그녀를 대한다. 그런 그에게 피파는 이제껏 누구에게도 표현한 적이 없었던 자신의 속마음을 얘기하게 되고, 두 사람은 점점 가까워진다.

피파 인생의 터닝 포인트는 예기치 못한 사건으로 말미암아 만들어진다. 허브가 외도를 한 것이다. 그는 동료 작가의 아내와 성관계를 시도하다가 피파에게 들키고 만다. 그녀는 피파보다도 어린 시인 지망생으로 피파와도 수년간 가깝게 지내던 사람이었다.

허브는 몰염치하게도 일이 이렇게 된 게 피파가 자신을 노인 취급했기 때문이라며 원한다면 이혼해주겠다고 한다. 곧 죽어도 이상할 것이 없는 노인의 입에서 이혼이란 말이 튀어나왔을 때 나도 모르게 폭소를 터트리고 말았다.

그러나 피파는 이 일로 죄책감의 바톤을 그 여자에게 넘겨주었다 생각하고 해방감을 느낀다. 피파가 이혼을 결심하고 허브를 떠날 준비를 하는 동안 그는 심장마비로 쓰러져 죽고 만다. 이미 여러 차례 심장마비를 일으켰던 터라 놀랄 일도 아니었다. 피파는 장례식 준비를 자식들에게 맡기고 크리스와 여행을 떠난다. 피파는 자신의 삶이 이제 시작이라고 말한다.

피파 리의 이야기는 구전설화 『푸른 수염Barbe-Bleue』의 현대판 버전이나 다름없다. 여자를 밝히는 거인인 푸른 수염은 물질적으로 풍요롭고 재치 있는 말솜씨를 지녔다. 그는 맛있는 음식과 여흥을 제공하며 젊고 아름다운 여자들을 유혹해 결혼한 다음 죽여서 자기 집 지하방에 그 사체를 쌓아둔다. 다시 새로운 젊은 여자가 그의 아내가 된다.

허브는 자기 욕구만 채우고 여성을 도구화하는 남자의 전형인 푸른 수염에 다름없다. 자살한 지지는 육체도 영혼도 모두 죽었다면, 피파는 내적인 삶이 완전히 파괴되었다고 볼 수 있다. 그녀는 내적인 힘을 전혀 기르지 못한 상태로 20대 초반의 나이에 허브와 결혼해 아이들을 낳아 키우고, 내조에 전념하느라 50살이 되도록 자기 능력을 계발하거나 내면을 돌볼 여유를 갖지 못했다.

피파의 죄책감을 덜어주고 그녀가 내적 성장을 이루도록 도와주었어야 할 남편은 오히려 그걸 억압하고 방해했다. 늙은 허브가 죽기 전에 바람을 피운 것은 표면적으론 피파를 배신한 것이지만 만약 그가 그냥 죽었더라면 피파가 자기 혼자의 힘으로 죄책감이라는 감옥에서 벗어나기는 어려웠을 것으로 보인다.

피파의 이야기는 내 삶의 중심이 어디에 있는지 질문하게 한다. 우리는 타인과의 관계 때문에 자신을 잃어버리는 경우가 너무 많다. 사랑받고 싶다는 욕구는 자연스러운 것이지만 사랑받기 위해서 나를 내어줄 수는 없는 것이다. 피파가 이제라도 자신을 향한 여행을 시작해서 다행이다. 영화를 보는 동안 학창시절에 만났던 구제불능의 문제아 친구들이 떠올랐다. 아줌마가 된 지금 그 아이들은 어떻게 살고 있을까? 좌충우돌의 시간 끝에 자기만의 길을 잘 찾았을 것이라 믿는다.

우리가 과거에 어떤 삶을 살았건 그건 중요하지 않다. 어떤 경우라도 망친 인생은 없다. 우리가 정말로 원하기만 하면 언제나 다시 시작할 수 있다. 피파처럼 당신에게도 자신의 이야기를 새롭게 시작할 힘이 있다. 우리들의 삶은 결국 우리의 믿음대로 나아갈 것이다.

영화로 나를 만나는 시간

Q. 지금 당장 시작해보고 싶은 일이 있나요? 그 일은 무엇인가요? 시작하지 못하는 이유는 뭘까요?

자기 극복 프로젝트

영화 〈먹고 기도하고 사랑하라〉

드라마, 로맨스 | 미국 | 139분 | 2010. 09. 30 개봉 | **감독** 라이언 머피
주연 줄리아 로버츠, 하비에르 바르뎀

엘리자베스 길버트의 동명 에세이를 바탕으로 한 영화 〈먹고 기도하고 사랑하라〉는 이혼과 실연의 상처로 삶이 피폐해진 리즈가 자신을 구원하기 위해 감행한 1년간의 여행을 기록한 영화다. 아름답게 촬영된 로마의 관광명소와 발리의 자연풍경이 풍부한 볼거리를 준다. 무엇보다 내 마음을 사로잡은 것은 리즈가 자신의 문제를 직시하고 변하기로 결심한 후 그것을 곧장 실행에 옮겼다는 사실이다. 리즈를 보면서 니체의 '인간은 극복되어야 하는 존재다'란 말이 떠올랐다. 이 여정이 리즈가 참으로 자신을 극복해가는 과정으로 보였기 때문이다.

벗어나기 힘든
덫 같은 관계

리즈는 글을 써서 번 돈으로 뉴욕에 집을 장만할 만큼 작가로서 성공했지만 결혼생활에는 완전히 실패했다고 느낀다. 그녀는 8년째 함께 살고 있는 남편 스티븐 때문에 괴롭다. 스티븐은 한 가지 일에 매진하지 못하고 리즈가 벌어온 돈으로 사업을 벌였다가 접기를 반복해왔는데 이제는 또 대학원에 진학하길 원한다.

리즈는 스티븐의 엄마라도 된 것처럼 아직까지 적성 찾기에 매진중인 그의 뒷바라지를 하다가 완전히 지쳤고, 한밤중에 일어나 욕실 바닥에 무릎을 꿇고 앉아 흐느끼며 평소에 믿지도 않던 신에게 제발 도와달라며 기도하는 지경에 이른다. 마침내 그녀는 이혼을 결심한다.

리즈는 이혼소송중에 자신이 쓴 희곡으로 제작된 연극에 출연하는 배우 데이빗과 사랑에 빠지는데, 안타깝게도 이 연애 또한 오래가지 못한다. 자기중심적인 데이빗은 리즈를 자주 외롭게 하고 연이은 관계의 실패는 그녀를 깊은 우울의 나락으로 빠뜨린다. 리즈에게 남자는 벗어나기 힘든 덫 같다. 그걸 알기에 그녀는 자신의 희곡에 이런 대사를 썼다.

"나는 사랑하면 나를 버리거든, 하나도 안 빼놓고 모든 걸 주지.

돈, 시간, 몸, 애완견… 남자의 빚도 다 갚아주고 자기도 몰랐던 멋진 남자로 만들어주지. 그러다 공허해지고, 그걸 채우려고 딴 남자를 만나."

15살 이후로 연애하느라 세월을 다 보냈고 정작 자신을 돌아볼 시간은 없었다고 말하는 그녀는 모든 것을 내려놓고 자아를 찾아 나설 용기를 낸다. 자기가 누군지도 모른 채 살며, 삶에 어떤 의욕도 느끼지 못하는 건 숨을 쉬며 몸을 움직일 뿐 좀비와 다를 바 없기 때문이다.

이태리에서는 먹고 인도에서는 기도하며 발리에서는 사랑을 하는 리즈의 여정은 상처 입은 마음을 치유하는 가장 바람직한 코스처럼 보인다. 그녀가 여행지를 다니며 보고 먹고 사람들과 어울리는 장면을 따라가다 보면 그 여행에 동참하고 있다는 느낌이 든다. 그래서 내레이션을 통해 직설적으로 전달되는 그녀의 깨달음에 자연스럽게 수긍하게 된다.

이 여행의 참된 의미는 '만남'에 있다. 리즈가 여행지에서 만난 사람들과 친구가 되어 그들의 도움으로 자신의 참모습을 찾아가기 때문이다. 그 과정을 지켜보면서 상처를 주는 것도 사람이고, 상처를 치유하는 것도 역시 사람이라는 아이러니한 진실을 다시 생각하게 되었다.

먹고 기도하고 사랑하라 : 여행을 통해 비로소 자신을 돌아볼 여유를 갖게 된 리즈가 로마의 한 식당에 앉아 상념에 잠겨있다.

나는 사랑하면 나를 버리거든, 하나도 안 빼놓고 모든 걸 주지.
돈, 시간, 몸, 애완견… 남자의 빚도 다 갚아주고
자기도 몰랐던 멋진 남자로 만들어주지.
그러다 공허해지고, 그걸 채우려고 딴 남자를 만나.

나를 찾기 위한 여행의 시작

처음 로마에 도착한 리즈가 거처를 정하는 장면이 재미있다. 그녀는 온수도 안 나오는 형편없는 집과 괴팍한 집주인 할머니를 보며 망설인다. 하지만 할머니가 미국 여자들이 이태리에 오면 남자를 밝힌다며 집에 절대로 남자를 데려오지 말라고 하자 그 자리에서 바로 그 집을 계약한다. 남자에 약한 자신을 극복하기 위한 의지가 느껴져 웃음이 나왔다.

이태리인 친구들은 리즈에게 미국인들이 일밖에 모른다며 노는 것도 가르쳐줘야 한다고 지적한다. '달콤한 게으름'을 즐긴다고 자랑하는 그들과 어울리며 그녀는 목적 없이 노는 즐거움을 배우고, 맛있는 이태리 음식을 맘껏 먹는 기쁨을 누린다.

리즈는 그렇게 몸과 마음을 회복해가면서 자기 인생이 혼란스러운 게 아니라 집착이 문제였다는 걸 깨닫는다. 관계에 집착하기 때문에 자신을 몽땅 쏟아 붓고 공허해지는 사랑을 반복하면서도 멈출 수가 없었다는 것을 말이다.

아우구스테움을 방문한 리즈는 그곳에서 집착을 극복할 단초를 발견한다. 로마의 황제 옥타비안 아우구스투스가 자신과 가족을 위해 지은 영광스러운 능이었으나 세월을 따라 투우 경기장, 음악

당, 전탱터의 요새에서 지금은 노숙자들의 은신처로 변화를 거듭해온 것을 보면서 그녀는 무너짐의 가치를 새롭게 발견한다. 변화의 가능성을 내포한 무너짐이 곧 축복이라고, 무너져도 괜찮다고, 다시 세우면 된다고 말하며 관계가 깨지는 것에 대한 두려움에서 벗어난다.

친구들과 세계 각국의 도시를 떠올리며 뉴욕은 야망, 스톡홀름은 순응, 로마는 섹스라며 그곳의 주제에 대해 떠들던 리즈는 "너의 주제는 무엇이냐"는 질문을 받는다.

사랑만 했다 하면 자기를 잊어버리는 그녀는 처음엔 좋은 딸이라고 대답했다가 아내, 애인에 이어 작가라고 말하는데 친구들이 직업을 묻는 게 아니라고 하자 말문이 막힌다. 여행의 목적이 새롭게 환기되는 순간이다.

삶의 활력을 회복한 리즈는 인도의 한 시골 마을에 있는 아쉬람으로 들어가 명상과 기도로 이루어진 수련 생활을 시작한다. 여기서 그녀는 텍사스에서 온 리처드라는 중년의 남자와 친구가 되는데 그는 그녀가 자신과 솔직하게 대면하도록 이끈다. 처음 이곳에서 명상과 기도에 집중하지 못하고 힘들어하던 리즈는 리처드의 충고를 따라 자신이 아닌 다른 사람을 위해 기도한다. 그를 통해 그녀는 자기가 스스로를 용서하지 못하고 있다는 걸 깨닫게 된다. 잘못된 선택으로 삶을 망쳤다는 생각 때문에 스스로를 원망하고 자책해서 정작 자신을 위해 기도할 수 없었던 것이다.

누구나 실수하고 실패하며 살아간다. 그런데도 우리는 리즈처럼 자신을 원망하고 있지 않나? 내가 어리석어서, 내가 약해서, 그런 일이 생겼다고 자책하며 스스로를 미워하고 있지 않은지 생각해 볼 필요가 있다. 때로 자신을 용서하는 것이 타인을 용서하는 것보다 더 어렵고 힘들다. 남이 나에게 잘못한 것은 그 사람을 탓하고 원망하면 그만이지만 분노와 원망의 대상이 나 자신일 땐 빠져나갈 구멍이 없어 보인다.

리즈의 인도 생활을 보면서 상처받고 무너진 자신을 다시 세우기 위해 가장 먼저 해야 할 일이 자기 자신과의 화해임을 확인할 수 있었다. 자신을 용서한 후에 그녀는 마음에서 전 남편과 화해한다. 자신의 불완전함을 받아들인 리즈는 "신은 내 모습 그대로 내 안에 존재한다"라고 말하며 가벼워진 발걸음으로 발리로 향한다.

진정한 삶을 추구하는 데 따르는 위험

발리에서 리즈의 삶에 주목할만한 점은 그녀가 다른 사람을 돕는다는 것이다. 아이 같은 미소를 지으며 재치 있게 가르침을 주는 할아버지 주술사 케투와 친구가 된 리즈는 그의 집안 대대로 내려오는 치료법이 담긴 엄청난 양의 낡은 문서를 복사해서 책으로 만드는 일을 돕는다.

또 민간 치료사로 일하며 어렵게 살고 있는 와얀이란 여성을 돕는다. 와얀은 폭력적인 남편을 견디지 못해 어린 딸을 데리고 도망치듯 이혼했는데 돈이 없어 계속 이사를 다녀야 하는 처지다. 리즈는 뉴욕과 이태리에 있는 친구들에게 와얀의 사정을 이야기하고 자신의 생일 선물로 와얀을 위한 기부금을 보내달라고 한다. 기대 이상으로 엄청난 액수의 금액이 모금되자 리즈는 사랑의 큰 힘을 깨닫고 전율한다.

여기서 그녀는 자신처럼 이혼의 상처가 있는 펠리프라는 브라질 남자를 만난다. 리즈는 자신의 아픔에 공감하며 다정하고 따뜻한 펠리프에게 끌리면서도 결정적인 순간에 관계를 발전시키는 걸 거부한다. 간신히 찾은 내면의 평화와 삶의 밸런스가 또다시 남자로 인해 깨질까봐 두렵기 때문이다.

펠리프를 떠나 뉴욕으로 돌아가려는 그녀에게 케투는 "때로는 균형이 깨져야 삶의 더 큰 균형을 잡을 수 있다"고 말한다. 펠리프에게 돌아간 리즈는 드디어 자신의 주제를 찾았다며 '건너가자'는 뜻의 이태리어 '아트라베르시아모attraversiamo'를 외친다. 이제 그녀는 남자 때문에 자신을 버리지도 않고 남자를 아예 피하지도 않으며 자연스럽게 함께 할 수 있는 단계로 건너갈 수 있게 된 것이다.

행복이 숙제 같이 여겨지는 시대에 "먹고 기도하고 사랑하라"는 말은 지혜로운 삶의 강령처럼 들린다. 보기 좋고 맛 좋은 음식들이 넘쳐나고 열 걸음마다 하나씩 교회가 있는데도 제대로 먹고, 진심으로 기도하고, 사랑하기는 어쩌면 이렇게 어려울까? 누군가 먹고 기도하고 사랑하려면 돈이 있어야 한다고 말해서 크게 웃었던 기억이 난다. 돈이 아예 없으면 불가능하니까. 그 말에 동의한다. 그런데 돈이 있다고 다 리즈처럼 할 수 있는 건 아니다. 다 내려놓고 떠나는 것이 결코 쉽지 않기 때문이다.

우리는 핑계가 많다. 불만스러운 상황 속에서 계속 불평하지만 그걸 바꾸는 것은 현실적으로 어렵다고 말한다. 리즈가 여행을 결심했을 때 가장 친한 친구조차 '15살 사춘기 소녀 같은 발상'이라며 말렸다. 위자료로 남편에게 전 재산을 다 주고 빈털터리가 된 리즈가 힘겹게 쌓아온 커리어마저 놓치게 될까봐 진심으로 걱정했기 때문이다.

그리고 우리들 대부분이 이런 걱정에서 자유롭지 못하기에 모든 것을 내려놓는 위험을 감수하며 진정한 삶을 추구한 리즈의 이야기에 매료되는 것이다.

자신을 만나기 위해 꼭 멀리 여행을 떠나야 하는 것은 아니라고 생각한다. 핵심은 리즈처럼 자신을 극복하기로 결단하고 그 방법을 스스로 고안해내는 데 있다. 중요한 것은 어떤 상황 속에서도 체념하지 않고 진정으로 자신을 돌아볼 마음을 내는 게 아니겠는가?

영화로 나를 만나는 시간

Q. 꼭 극복하고 싶은 나의 약점은 무엇인가요?
극복을 위한 구체적인 계획을 세워봅시다.

먹고 기도하고 사랑하라 : 로마에서 혼자만의 시간을 즐기는 리즈. 남자가 없어도 더이상 외롭지 않다.

자신을 만나기 위해

꼭 멀리 여행을 떠나야 하는 것은 아니라고 생각한다.

핵심은 리즈처럼 자신을 극복하기로 결단하고

그 방법을 스스로 고안해내는 데 있다.

★ 메이트북스는 독자의 꿈을 사랑합니다.

착한 사람들이 힘들어하는 9가지 이유

나는 좋은 사람이기를 포기했다

듀크 로빈슨 지음 | 값 15,000원

저자는 진정으로 좋은 사람이 되기 위해 자신의 감정이나 생각을 당당하고 솔직하게 털어놓는 연습을 할 것과 남에게 비치는 나보다 당당하고 솔직한 진짜 나로 살아갈 것을 당부한다. 거절하지 못해 힘들게 살아가는 사람들은 온전한 자기 인생을 결코 살아갈 수 없다. 이 책을 통해 내 안에 웅크리고 있는 나약한 어린아이의 실체를 똑바로 알고, 왜곡된 사고의 틀을 허무는 지혜를 터득할 수 있을 것이다.

먹는 것 때문에 힘든 사람들을 위한 8가지 제안

음식이 아니라 마음이 문제였습니다

캐롤린 코스틴·그웬 그랩 지음 | 값 16,000원

캐롤린 코스틴은 실제로 거식증을 앓아 '살기 위해' 심리학을 공부했으며, 이를 자신에게 직접 적용해 완치한 후 미국 최고의 섭식장애 전문가가 되었다. 이 책은 먹는 것으로부터의 회복과 자유를 갈구하는 사람들에게 진정 필요한 것이 무언인지 명쾌하게 알려준다. 먹는 것 때문에 고통을 겪는 사람들은 물론이고, 주변의 가족과 친구들도 이 책을 읽으며 한결 마음의 안정을 얻을 수 있을 것이다.

주변에 사람이 모여드는 말 습관

이쁘게 말하는 당신이 좋다

임영주 지음 | 값 15,000원

말의 원래 모습을 잘 살려 따뜻한 삶을 살고 싶은, 이쁘게 잘 말하고 싶은 사람들을 위한 공감의 책이다. 특히 주변 사람들로부터 "말 좀 제발 이쁘게 하지?"라는 말을 한 번이라도 들어본 적 있다면 이 책을 꼭 읽을 것을 권한다. 한 번뿐인 소중한 인생, 우리 모두 '성질'과 '성격'대로 마구 말하는 것이 아니라 '인격'으로 다듬어 말하는 사람, 즉 이쁘게 말하는 사람이 되어보자. 말은 우리의 모든 것이기 때문이다.

스스로에게 당당하면 충분히 빛나는 인생이다

나는 눈치 보지 않고 당당하게 살기로 했다

강상구 지음 | 값 15,000원

우리는 사람이기에, 살아있기에 스스로가 세상의 중심이라고 생각하며 자신의 뜻을 펼쳐야 한다. 한 번뿐인 인생을 이 책을 통해 멋지고 행복하게 살아보자. 저자는 방법과 질문을 통해 스스로의 삶을 좀더 당당하게 살아갈 수 있도록 유도한다. 이 책을 읽으며 저자가 말한 방법을 적용하고 스스로에게 질문해보자. 그 순간 눈치 보지 않고 당당하게 맞서고 있는 자신을 발견하게 될 것이다.

나는 걱정 없이 둔감하게 살기로 했다

걱정 내려놓기

강용 지음 | 15,000원

걱정이 많은 사람들을 위한 심리처방서다. 심리상담 전문가인 저자는 걱정을 하는 것이 꼭 나쁜 일만은 아니지만 지나친 걱정은 개선해야 한다고 말한다. 문제만 바라보면 걱정과 불안이 커지지만 문제의 원인을 찾고 변화를 향해 나아가면 걱정과 불안은 긍정적인 역할을 한다. 이 책을 통해 소중한 내 인생을 위해 걱정을 내려놓기로 결심하고, 상처받은 자신의 마음을 들여다보고, 걱정을 승화시켜 행복한 삶을 살아보자.

나는 매일 개들과 사랑하며 산다

당신과 반려견 사이

유상우 지음 | 값 15,000원

이 책은 정신과 의사가 반려견을 만나면서 얻은 깨달음을 담은 반성문이자 3마리 개와 함께 사는 소소한 즐거움을 담은 기록이다. 정신과 의사의 눈으로 바라본 당신과 당신의 반려견 사이에 존재하는 특별한 시그널, 그 시그널을 만들어내는 호르몬 이야기가 담겨 있다. 개가 인간의 곁에서 살기로 결정한 순간부터 발전시켜 온 소통과 공감의 능력을 이 책에서 확인할 수 있다.

마음이 아픈 사람을 위한 글쓰기 치유법

글쓰기로 내면의 상처를 치유하다

이상주 지음 | 값 15,000원

이 책은 견디기 힘든 상처를 안고 살아가는 사람들에게 어떻게 하면 그 상처를 치유하고 회복할 수 있을지 자세히 소개한다. 스스로를 변화시키는 방법이야 많겠지만 저자는 글쓰기가 최고의 방법이라고 말한다. 누구에게도 꺼내지 못했던 마음속 외침을 일기장에 쓰다보면 가장 편안해지는 나를 느낄 수 있을 것이다. 매일 글을 쓰는 나, 매일 감사함으로 충만한 나, 매일 새로워지는 나를 만들어보자.

자기 자신을 있는 그대로 받아들이는 힘

지금 있는 그대로의 너여도 괜찮아

정은임 지음 | 값 15,000원

현대 사회는 빠르게 변화한다. 이 속도에 발맞춰 바쁘게 살다보면 자신의 감정과 마음을 놓치기 쉽다. 빠른 속도 속에서 여유를 갖고 마음을 되돌아보기 힘들기 때문이다. 이러한 환경 속에서 자신이 괜찮지 않다고 느끼는 것은 지극히 자연스럽다. 이 책에서 저자는 친절한 방식으로 자신의 마음을 다스리는 방법을 알려준다. 또한 삶의 변화를 바라는 사람들에게 변화를 위한 단계적인 방법을 친절하고 자세하게 알려준다.

독자 여러분의 소중한 원고를 기다립니다

메이트북스는 독자 여러분의 소중한 원고를 기다리고 있습니다. 집필을 끝냈거나 집필중인 원고가 있으신 분은 khg0109@hanmail.net으로 원고의 간단한 기획의도와 개요, 연락처 등과 함께 보내주시면 최대한 빨리 검토한 후에 연락드리겠습니다. 머뭇거리지 마시고 언제라도 메이트북스의 문을 두드리시면 반갑게 맞이하겠습니다.

메이트북스 SNS는 보물창고입니다

메이트북스 홈페이지 www.matebooks.co.kr

책에 대한 칼럼 및 신간정보, 베스트셀러 및 스테디셀러 정보뿐만 아니라 저자의 인터뷰 및 책 소개 동영상을 보실 수 있습니다.

메이트북스 유튜브 bit.ly/2qXrcUb

활발하게 업로드되는 저자의 인터뷰, 책 소개 동영상을 통해 책에서는 접할 수 없었던 입체적인 정보들을 경험하실 수 있습니다.

메이트북스 블로그 blog.naver.com/1n1media

1분 전문가 칼럼, 화제의 책, 화제의 동영상 등 독자 여러분을 위해 다양한 콘텐츠를 매일 올리고 있습니다.

메이트북스 네이버 포스트 post.naver.com/1n1media

도서 내용을 재구성해 만든 블로그형, 카드뉴스형 포스트를 통해 유익하고 통찰력 있는 정보들을 경험하실 수 있습니다.

메이트북스 인스타그램 instagram.com/matebooks2

신간정보와 책 내용을 재구성한 카드뉴스, 동영상이 가득합니다. 각종 도서 이벤트들을 진행하니 많은 참여 바랍니다.

메이트북스 페이스북 facebook.com/matebooks

신간정보와 책 내용을 재구성한 카드뉴스, 동영상이 가득합니다. 팔로우를 하시면 편하게 글들을 받으실 수 있습니다.

STEP 1. 네이버 검색창 옆의 카메라 모양 아이콘을 누르세요. STEP 2. 스마트렌즈를 통해 각 QR코드를 스캔하시면 됩니다. STEP 3. 팝업창을 누르시면 메이트북스의 SNS가 나옵니다.